James Adams

Introduction

Welcome to the Scottish Football Word Search Collection!

This puzzle collection contains hundreds and hundreds of players who have played in the top tier of Scottish football from legends of the game to the superstars of today. Find the true football greats as well as the current heroes who thrill the fans today.

Inside you will find four word searches for every Premiership club. These searches contain players from the current squads, the legends of the club and also the managers of today and the past. With almost 50 searches and hundreds of players, it is the perfect gift for any fan of football.

Challenge your friends and family to see who can become the true word search champion! If you love the excitement, history and passion of Scottish Football, then this is the word search collection for you.

I wish you the very best of luck. Let's get started right now!

James

Aberdeen Squad

```
B E J S A B F J O C A J U W O Z B R L N
M X X M T W D J I V K N H K I B E C G U
X C Y N V E G E X P D P C E D L W V F U
E M A E M M W L V G H M T J X W S Q H P
Z A S N A Z T A E L R N G K Y Y O O Y V
X C O I V H R N R E I F Z W O U S Z N N
R K E D N B F N N T S N E Y R A P Z S R
J A E I R F M V G A R O S R W Y Z R H R
V Y A S F G B N A N F Y N J G P O A L Q
M S L N M E G R L N S C C B L U J F Y M
G T F O C Y L N E E H Y G O K L S C A C
B E N C G O T A W K I H T H S T W O D O
M V R Z I Q R G I C N N G L H G Y N N B
E E P S N N O O S M N Y O S D K R O C V
Z N S I N O J L T L I Y U Z R R M O L D
Y F V J O I S P M Q E G Y P O G W F V Y
I L U N T S C M A Z Q H A L F O R D D E
D E B N F K Z Y Y A Z T T X G Z X G Q C
H G B L L Z T I S Q X R R P C I Y V O D
M P L U W U X D V O V X N A Q M A A T Y
```

Lewis	Logan	Shinnie	Considine	McKenna
Stewart	Gleeson	Wilson	McGinn	MackaySteven
Halford	Cosgrove	May	Devlin	Ferguson

Aberdeen Hall of Fame

```
A J F A W Y M B R H X H F Q G P L J M V
M M G Y V P Q Y F A Q K H H T U J Z Y N
T P Z T U P E K H I G R F E G J U Z D J
U C B R S V W B Z I S C S R O J G N Z F
V P H F T I P O H R I J K T U S T L N J
N F A E D D C M D E V L I N W H A U O Q
E L L R T Q V S K M C K E N N A R L S V
V E F G D Y D Z I H Q W Y N Q W G N E H
E V O U Z F X K P G G L E W I S Z C E U
T O R S S W M Q Y N S Y D K N H V N L N
S R D O V Z E B W S T E W A R T X J G N
Y G W N T O D T T I K D S V P N S X A I
A S Q T L N N I D P J Y N Z B W M D R G
K O A P A B Z L Q T F M X W I L S O N C
C C L L X L D R M U T W S H I N N I E M
A N K C O O K R A W T G Z A T N N G K F
M E L R T G N L F X K O W S Q X H V L C
Z M A Y P A S B C V I N L W R Y U J K C
D F J K X N J I H W K U H Y P E A D M J
C B F L W G C O N S I D I N E K C R C Y
```

Lewis	Logan	Shinnie	Considine	McKenna
Stewart	Gleeson	Wilson	McGinn	MackaySteven
Halford	Cosgrove	May	Devlin	Ferguson

Aberdeen Top Goalscorers

```
A W A J T Q X F J Y B Q W H D X X J B S
Q H T E H A M I L T O N U X A I W S R D
D A D K D X T A X J I V G C A B S J O L
E R T D G U V H D W Z H A Y K E J Q B I
I P B V J A R V I E M I L L S N R W B Q
I E A H U J Z A J R U K Z F K N J M Q C
S R P Q R S U S V Y Y Z S C N Y O M C H
L F M M N D T N H G E P R X B Y G J L B
X U W X H C W N R R E N G N L O X T L A
O S B S A H V W F I J A O A T R H L W Z
V V Y Z T Y I J T T Y L W Z X S B S N B
L K Q I H N H A R R Y Y O R S T O N J Z
L H S F E U M W G S Z V U Z F O A I F H
E M E C R Y O S L U Q W Z A K N L N M V
G I O L Y D I H E R V F M C G H E E J Q
Y D E I Y W Z E J P V C D R X F V I I R
F G F F J C X U U E K O F N X I M B D C
F Q P N P F P W X E W A R M S T R O N G
W G U T M H V Y T J B R Z Z P T L S C F
I C H A M E D N V F Z C R U Q L A C Z I
```

Harper	Armstrong	Hamilton	HarryYorston	Jarvie
BennyYorston	Mills	Hather	McGhee	Robb

Aberdeen Managers

```
V F A S G L N Q B M T H P P C A N G M W
W H G D Q L J U V G D A L L J H L I J I
I S S L S G P I Z K K O J S M I T H U H
C E C E S W G B I S L C H B H H O I N V
W N A I S G D F G P F C O J U W F T H G
Q N L F C P Y Y E U D M A I T K E N V D
K I D R I Y Z Q E Z O C B V I E F E T K
H C E E M Y C B C X H C C Y X M K F A N
A M R T C X E K N E L C F H K E N W T B
M B W R A G H D E D L L J V A Y H G F R
C O O O V V B K Q M H H R G G R A V Z F
G G O P N W B M H O A G E C E Y W R U X
H P D O O X R M E V D F L Z M X A V L C
E A P F S X N U Y L V J L C D A H D L C
E T C R U H W I Q E O O I Y P R Z O I I
N E Q A G B O A W P K Z M E X A F E E T
N R Z D R A R H G F S I S U I J T L N D
X S F U E P B J H K Q O K N O X P C C I
I O D P F T Q S C O T T E I J F Q A M I
X N A G L O R F H F C A L I X D E M O J
```

McInnes	Brown	McGhee	Calderwood	Paterson
Skovdahl	Miller	Aitken	Smith	Scott
Porterfield	Knox	Ferguson	McNeill	MacLeod

Celtic Squad

```
W J Q F S C Q I J T P D Y N L A P J H T
R N L T T L V O N Z W L K B M B X K R G
I A I A X A B S U T O C D Y B H J D Z S
G Y Y Q L P Q F O I S Y C N F M P X T I
K S T D U V T K U H Z D G O R D O N D M
W D F F X M Y K A I O V L D O D C V G U
C B O E N J W T B A Y O H L P L B W A N
C C X L A T D Q N C T G V T Q D Y W Y O
B G S R J C V J L J E K W X N I U W Y V
Q Z G H L L B I T T O N N C H U D U M I
C B H G O Y F T C K R Y S H S A O X K C
M R D H T R A N Y E A E H R I W N X S W
Q O M P N D K W G C Z C T I N D U L Q B
S W O X O N K O I H Q I I S C K J F M S
E N L A H E F D P S Z G F T L V V Z M P
Y E X S D H Y U B F E O F I A K Q W C K
A U Z R C Z S D G X A R I E I F A I H F
H G A M B O A Y Z B J M R H R E Z J F I
B A R Z A N I Z D I Z A G U I R R E C K
K Q V B R P A O M V G I Y A X V H A W P
```

Gordon	Toljan	Izaguirre	Hendry	Simunovic
Bitton	Brown	Griffiths	Bayo	Sinclair
Gamboa	Arzani	Hayes	Christie	Rogic

Celtic Legends

```
O S H M L U T L P N C W B H M K W D I E
P Z G O Z T S I M P S O N K G P P U J U
J B I E E Z X D E F Y L E H M L H D M D
D E K O M G P X C R K A N I S Y K Y U R
F J V E H M A V I C V R G C Q V U L R N
L D N G X Y E M U Q J S M O O W P U D F
S L Z R K M Z L S A O S Q D K O H O O Z
S U M P B M X N L F H O X T P E M W C W
W A S H G H I Y W T N N N A J B U C H H
G S U A N C K R O U S L G B N M L V B R
G P K Z B C G V A S T L I U T C N S I E
F A B I A D I I K Q O E I O B N N A J M
G H C O P N O A T A N N X G H E I K K L
G T R Z X P Z Q B F E N W O S I A M R W
Z H B C P O O A E Y T O D W I L R N K K
N N V D R I G P V Y Z X R Q L L G V P R
K J M C S T A Y N W U C B T G I C Z O I
G W G R R G Q O F Z L E X A L N M J O O
T Y X Q R R D D U T P W J M A H R R R P
T C N X M G R M G Z E F F W D D W X Y L
```

Simpson	McGrain	Gemmell	Murdoch	McStay
McNeill	Auld	Johnstone	Lennox	Dalglish
Larsson				

Celtic Captains

```
U R C N L F D Z N Z Y W P Z H N M Z G Q
W T F G C Y E Y K X P Y R Z H V T E A M
T A W G Y U E A I E R X R S K H A Z C J
O A J S W D U H M V B Y Q B P Z I P K X
Q E F Y W J N Z P H W J E R U L T J J P
V N Z G B O O X K B C Q S Y N V K O O E
P C D X N H P J R H H Q I L W U E Y W A
B Q C R C W V X V D G V B R O W N R Y C
N J M C M A N U S W L S G F L E R I P O
I E R D S R R L F M Z D C L A D H Y Y C
A V S B W G Q M O K B X K L M B L W H K
R A I N B J R U C L F S K I B M Y H O P
G N R Z D D F V K N Y O F E E O Y S E S
C S O B R Z C M B K A B S N R P A I N E
M X R L M Y Q D X D L M Z C T D T L I Y
Z T E P Q A O K Y Z O I A M F Y S G E I
B G Q L P K L E N N O N X R B O C A T X
Y I X R T C M R S J N S C N A B M D S R
H M S R T A Q S E A E X M T K B L F N A
A B U Z A M V X J A Y D E G A P S I F D
```

Brown	McManus	Lennon	McNamara	Lambert
Boyd	McStay	Aitken	McGrain	Daglish
McNeill	MacKay	Peacock	Evans	Stein

Celtic Managers

```
J S Q H C Z D U S Q V Y J G G G I T H R
G A Z P C J W Q K O H K S L M V C G B X
C R L R H D Z F T U Y A X Y C P I R R F
D K H C U K Y T M C V C V S N F R T A B
R O M B S T R A C H A N B R E U A M D Q
E L D U R V V E N G L O S A I Q C H Y A
U X X L E G G B I X I L W Q L L A X W B
J P C C G Q Q U E X F U C X L P M K Z B
B S X T D T D R F R G D K L A R I C D G
B A O D O J I N L W F M Z G I T N G D L
Q R A S R S Q S E C I O P R M J H C K G
O K R O F R T J N K Y L Y M S O C D V B
P F T B M S L S N U K S P G Y N Y C I Q
J Q Z O R E L V O S O A Q I M E A J Q A
O M B R N N N S N F Z Z C W A W R W X L
S N M S I R E M H T U Z V M L Y B T E I
H O E Q E A S B R F K P F W E H W O H E
P V K I F B N T H I V I C U Y E O I A D
J A M U L F A R E G A Q C W H R M U Y C
W J E W Y L J T M V S Y L B U T X R J K
```

Rodgers	Deila	Lennon	Mowbray	Strachan
ONeill	Barnes	Venglos	Jansen	Burns
Macari	Brady	Hay	McNeill	Maley

Dundee Squad

```
K T V F B N J O C B X U A A P X Y R T Q
E X D P F F X Z J F N T I U B Q H E N A
D A I N K A V J V Z E H Q C Q Y B D C H
P X A J T R A D A V I E S N V U V Q T I
O F Q T Z M O D Y J Z R X G R C J D T T
C T P V K N N G T O S U L L I V A N H N
H Z N Z E E O J N N M S O J Q J T L G O
T F F J P E R U E O I I V O K M C X I S
H N Q W G R B R G S P Z L B F T W L R L
U Z Z T U M A X O B A N L L V A P C W E
D L B K H T C L Y O R W V F E B L H S N
D U D T J H V G P R I I K E O R T P E G
R M L B U C U J O H S J J U L W M R L R
R B S Z H O A X P W H X S O S I O P A N
D N H A M I L T O N A Z O O Z U L O D F
V J Y A X V P X X T F N Q D H O N V D G
E D O X X W M O F I W P J K E K H G J S
B Y W V K Y D I M I B O W A P A V O A T
C K S H X R S G I L L F P Q H H Q G F W
B U B N T Y S G B B O E O B K L H K C C
```

Hamilton	Kerr	Ralph	Woods	Kusunga
ODea	OSullivan	Wright	Parish	Davies
McGowan	Robson	Dales	Miller	Nelson

Dundee Hall of Fame I

```
T A Q I G K B D M J F T H O D J T U D D
T B L N D D O W Y V B X H U I B T N T H
M R M A M E X I F S D O Y P P K H I J Y
E O B L W W W J K L Q A Y W L N G H I S
Q W X L I I K B P E S J N D G Q I A D X
H N V A V A L H X B T P A V O J R R J T
T W N A F D N S O Q U P S E Y Y W M Q D
F Y I D C F A C O Q A U P A L T J R N U
R Q M O L T X M Q N R O O M O K F V H N
X B I N Y R H K Q F T R J X B P C Z N C
Q E K A I S N C B E N T W K L X I O N A
M R D L W A O S C R P C M O Y M S R P N
E O A D Y L S L V Q N W L A T O A N I M
X Z L S T G T P G T N I O D O N E U X E
O I O O L U R A L T A X R Z H F K U U G
P N E N X O E A E X G U G X Z I Y R V E
E R H X A D B D N Z C Z L O X N Q J V D
D W Z H Q M O I N I M N D P W A U A V D
U O R Q C U R V I C U O V J Y S U T T E
H M T D O O R P E R D H D F G P I P A S
```

Douglas	Wright	Allan	Stuart	Troup
McGann	Pirie	Donaldson	Geddes	Brown
Duncan	Wilson	Glennie	Boyd	Robertson

Dundee Hall of Fame II

```
J S T W E E P S G O L B K W L K G U D L
I D D D A M C G F X E A U J V Q P B R F
K P R Q A H H Y A H R A B Y I V M X E Q
Z F V P B K E N S P L S A E N Y S E C F
M H X Y Q I N E N U C X L N I I S I A D
P Y I A W I S H A R T S H I S U R C L O
M K T N F V B O S L O C N L U L H G L I
C B U Q V D U F F Y B O K U O C Z B A U
V D Z Q O T S U S Z R T M N C F M J W Y
S M R H J B D V M A B T F E C Z W T F L
C I C O Y P O E I O H S Y H T U Y Y U K
O H O K W R W O T K C A X J Y P I N U N
X W D T T E I A H W B E M C K J Y N S A
N P T H Q X E Z R W A A E I N H T M J H
W V B Q F V E O U C P S O E L B X B H S
D F Z Y B U F W Q I X N U O Z T Q I T P
V R L J V U R I B M N I N Z F Q O A I O
P A D Q C A P E N M A N D Y B P D N E U
V R H U X B G G C O Y N E Q U H U T S E
K C A P Y K I P X P D N D D L C S J D T
```

Smith	Wishart	Seith	Coyne	Liney
Ure	Penman	Cousin	Duffy	Wallace
Shankly	Hamilton	Scott	Dowie	Cox

Dundee Managers

```
A W A L L A C E A T L M E W K G R Y M F
H S M A C K A Y Y N N Z W S M I T H Q L
F S G E M M E L L Y A B W D G H M S M C
T H X A W P B K E R N A G H A N L B K L
B T L M U N R O E P V A W Y R F O L A P
U I D B Q I Q W W L X G Z S P G H E J Q
C M M Y Q T L F M R Z G W C M P S U B I
Y S S V H V T B T M N J V O V C I Y F P
J B O N E T T I R L N O L T Z C H C B I
I E H K S T A I N R O D V T K S C B L K
L M C C Z O D T A D S D K Q Y F C E Y R
T C J A B B M T B U T Z F V E X V P Z U
B C K M W D C N C D M L V I L G T W Z B
O A E R D N I K K G A D R N T K R A E N
J N W O V N N J M L I U K V R R S S Q V
Y N S C E Q T V S F Q F B L A A K E J F
Q J K C R L Y X W N E F K R H P K T I L
J F W M L G R O M O O Y M S F Z N I J V
V E O N S E E N Q S W P I O S F C H V L
F Q B R O W N K U U R R J Q P U O W T B
```

McIntyre	McCann	Hartley	Brown	Smith
Chisholm	Rae	Kernaghan	Bonetti	McCormack
Duffy	Stainrod	Munro	Wallace	Smith
Scott	Knox	Mackay	Gemmell	White

Hamilton Players

```
X J M R P W H A F Q J P X M R Y E C M C
W Y D P U U F M F K B D B F E U B K B Q
O J E G M W K S Y H A T L X R J J S I T
D W A W W I D R A Q M C G O W A N D Z W
S O O M K M I L L E R U N D B X K X J Z
N W T Y M Q Y M E E R U H E N C Q C E X
F I T F A J B V Y L A L G N M X W U C Y
B A S F H V N K K E A T I N G S T E Q E
D T P O G H B U E D X N R B P R V M Q L
O J S S N L S K C H T W O O D S D A A K
R B A N I K X I K P Z R E W P T J C T A
D T G B N T W L V R P V X M C S N K C O
L W L Q N H V G N A Y S W N R H A I I N
P B A N U D L A U F H X Y E I I A N G O
C Z D W C R I L M H Q G U S N E E N O D
T N B I G U P L E W T P Y Z N M I O G R
S G D L D V G O O L S Z L V A B R N D O
T D A V I E S N K W H V O W M E M R J G
K T Y W A L P U E U O W C W C X I X U J
L B Z Z X W Y C T U R N R I M F T R U I
```

Woods	McGowan	McMann	Gordon	Tshiembe
Kilgallon	Imrie	Davies	Oakley	Keatings
Miller	Taiwo	Gogic	Cunningham	MacKinnon

Hamilton Players II

```
L D D R N B U X R A C A T T O Q G M P K
I D I D W Z U R S L L T F C Z L Y U H E
S D K N H X W F X A F W X N F L Q P T F
X N A Y T M M N E Y Z T G J X J C C I M
X U U Y F X D Y O N K O J Y N X R L M I
J Z P O U N X Q E K E R Y C L S B S S M
V F N S L A W T L S O M M R Z X A O O N
J G A I E L C N C O P X Y U L Y L W X A
L M D C P L N A J L M Q S U D I U A B U
K H W C Z I D W H G K O H N H I G H W G
P L H Z M M X M K T G A N D R E U E B H
X P N J O C O Q U K O E J A L O H L V B
A M P D I M L C O N M K W N V E V C Z C
R F A F W X H W N M P T B R U N L J U F
E B L U B D B G G W D E N W H E M Y D K
G O L L U N G D C B F S N Q N D P K P P
N Y E T Z N L E I Q X I W N G S F K V J
A D Y O R A U W I N T E R C Y R P U N Z
T Z O N R T C F Z I D U O P B A I I D M
S W A M A R T I N Z A V A B C M Y Y L Y
```

McMillan	Penny	Winter	Marsden	Want
Andreu	Fulton	Martin	Stanger	Smith
Boyd	Mimnaugh	Sowah	Ogkmpoe	

Hamilton Managers I

```
T K G S J E V A X L S J X E U M N L O B
B L A C K L E Y B S Z I R T G E N A N A
L J P X X A B Q I U N Y Z Q M E H V E I
D I M E B K H F N T X L P S X C I R I V
E H Z F Y B U D O Y V S K W U I L V J E
M M C U R E I D W Z Z J E U A R L K F H
P P B A N V P N A M J A R B N P C G X Q
S V L P N W G R L E H E N K D Y O P O L
E X K O D N H S O E H R D S R X A P Q P
Y S R R J X I T W A R S P L K C T S J M
I Z K O T T C N C A T V Z W R G W Z J V
K A X H G A P E G U L M J M A J K E E X
C I U D S C K R G L I Z A A L A T I V W
A H Q O Z C Y E S D N I U I C F W B N W
I T Z R H R T N G C E M M U T Y G M O P
I P Y N N O C E X G R I U J P L J A S U
B Y I U F W Y I H B A L N X M L A L W I
G R G M W P D L W G L L Z H H J O N A W
D I S K D C P G O Z C E Z Z A S G F D J
V Y E H C Y O T Z M M R Y H N T X A F I
```

Rice	Canning	Neil	Reid	Maitland
Hillcoat	Dawson	Miller	Clark	Munro
McLaren	Lambie	Dempsey	Auld	Blackley

Hamilton Managers II

```
E P L J J S C M C S T A Y I I N R S J C
C A U A Z J N M E Y G Y G P G V L F D U
L C F C X R B P T S B A N D Q I W X H U
E S A O U K C G E C A F W Y L I E Y M U
V T R Z A B Z D U N C A N G X Y C I I F
H E S K F H Q N E W I N G Q Z H R P W U
S Z D R P Q H O C O X Q O Z D N I K W R
I W N O R W K T J Q J Y O M N O N C M O
M X Y G A T D A A L Q V L C A N E E L T
P P Z B F K R P U Z W M A Z L A S B T C
S G O J I V E B D P A Z C Z T H P S N O
O K F Q S B R W I A W S W D R C R I O F
N Q K V N C A F B W U M E M A U O A M E
H K X I P Q E Y D W S U T N P B Z R A M
E P G M J A H B M H H M I V C C Z Q L U
P V G Z F L S O O J L I I B M B F N P S
L U Y V E Z W Q D Y K H M T M J B B H X
B A M O O U I G Y S B X E W H L O W E Z
W O M N B M C A N D R E W A D O M E P W
V V E H I V B M M C P Y W T U R R G A
```

McPartland	Smith	Lamont	Simpson	Shearer
Ewing	Crines	Paton	Lowe	Cox
Wylie	McStay	McAndrew	Duncan	Buchanon
Raisbeck				

Hearts Players

```
C L H E N Z P E F W W R O D A M A Z O M
V S J C E L H E B Z C U T K O Q F Z S B
N O M T X A I X B W L I V M E Y N L E E
S U D M A M E W O W Z Q C F Y M L U L Z
N T J J Q A A X Z X I L J Z S D L E C S
Z T Y N O L A T A F K C R X S M R G Q Z
I A Y G J U O L N L H U F B E P U G D I
B R V B R Q M L I B T S N L N E B E Q U
G R H U V Y K E C W I U O E H J O Q H N
V E A L Q A O H R X M X T X G N I W J V
R W C B R V V C U H S Z H S U H W H A J
A P U J W W X T E S I P G M A U V V S I
K Z X Y N Z A I F T A I I I H G O G Q X
N Y D J Z Z D M K X N E W T S H I Z L U
L K Z I X H W E H P P Y O H F E J V F L
J P F L H K P C G D D M G P S S C P G J
H A R I N G A X F A B K R C Q V C G H R
U R W I B E R R A A R L B I A H C J B P
H R P I F J E M I F Y R M K D E H B L Z
U B B Z D G C M H R Y O E C L A R E U Q
```

Zlamal	Smith	Shaughnessy	Souttar	Haring
Berra	Bozanic	Lee	Clare	Djoum
Mitchell	Doyle	Naismith	Wighton	Hughes

Hearts Hall of Fame I

```
S P O G W Y P N R M U O X V F M W Q C M
K L H P G K Q H Y W D E J X E W J J K P
N J Y B R X P D Q E B Z Q J P S K M H E
A G F Z I I T K I T U G H M K I D D F L
H A M J B R Y I W I S E O B G S Q I I P
S A A Z A G R G R H B R A N D E R S O N
K L R Z U Z P P Y W Y C B N G D G W O I
C F S I Z Y T F W Z Z G J A R D I N E R
I C H O U I T C M A C D O N A L D A Y E
U F A J M M O O Y Y J R Y Y W F I B S I
R O L E S V S L S C E L J P K J E A I D
C R L F I O M Q T M V U P K X K H T R R
I D X F O A W U X R C S R O P U Y T G U
M X C E X V K H N L K R A E C A Z L C P
I N X R L B G O N P S Z A E B F M E F S
C Q A I L H I U O P L L I W W H P S O R
D H C E F M S N C D S V E O F T F Z P Y
R U E S G J P F J E P B J H F O Q H F Q
W X Q Q A J K L T D R P V O D P R I E G
U W Z A G H M Y V Q A K O Z U M T D R T
```

Busby	Kidd	Anderson	White	Battles
Colquhoun	Purdie	Crawford	MacDonald	Jardine
Cruickshank	Marshall	Conn	Ford	Jefferies

Hearts Hall of Fame II

```
H P J C E S X M Y G L I D D E N B V M N
K F L C Q M C B M J P U O R S Q A C Y P
Y C J Q M W O P E K K Z N H S X U R E X
E O Y B S A O G D K W Q P G J R L D L F
E H U F U R D C U J V H T G N O D W S H
H H M N L D L H E R Y F O O I B L V S O
A F I A G H O Y U S M I T H E E V I E N
P Q T P W A N D E T O B O G V R R E R X
F D O K G U I P F N U X J B E T J W P Y
Z D G H J G X R I B F Z T X L S Q I V T
H C P O Z H L C W T Y C Z N U O Y O S W
W V Q C Y N U N F Z Y X I M C N E F V A
F J A B O R M Y B W E N M A M B L K R L
W Z J G P B Z Q I D F T Q C C R T I U K
U B L U A G K F X F V Z Q K X C R U B E
J J D G B C U D X I Z O D A J H A I D R
L L C V H U A W M J Y W V Y V H H I N Z
M N R U O P S R U C F V Q K M W P R V E
G O R D O N K L X G L B D R W S M X S X
Q I G G P C C U M M I N G Y C G N M I X
```

Smith	Walker	Wardhaugh	Young	Levein
Glidden	Gordon	Bauld	Cumming	Hartley
Mackay	Pressley	Robertson		

21

Hearts Managers

```
U S G F C N V E U R Z L S W Z K C L H V
Z K R H Q Q N D C O U L P R H J N A D N
T C O Y N Q X S L B E D E G I L W S J D
B V I R M E W T A E E Y U V O T D Z A F
U S R P O V I G R R G N K V E Z U L T Q
R D N X C B X L K T U Q Q D Y I S O Z V
L F O R D Y O L S S P O P D D N N O H S
E Y F K N G Q C V O Y N A L J A O I A E
Y O S X A D U F H N N D O P U K M G A I
S A A D E X H H Q K O L B X W G O R J R
F H K M L J H S S D A A Z X Y C N E G E
R A S C C O U I A H E N R L R T C S X F
I W U G M R M N X U I O W U O N U H E F
X Q A L K D Q Q H M Y D X X T C R S W E
W T N Y Z A C I Y W K C C Y A A K B K J
U M A N J N O A W T A A W T C B B E I B
S G V N M K F B T C K M F R A I L U X F
C N I Y R W V K W H C Y Z D P L Q B X E
W X O A M B F D Y I R Z P R R K I K Z E
R H G T I H R M S M A O M J K J A W W B
```

Levein	Cathro	Neilson	Locke	McGlynn
Sergio	Jefferies	Laszlo	Frail	Korobochka
Ivanauskas	Rix	Burley	Robertson	McLean
Clark	Jordan	MacDonald	Ford	Moncur

Hibs Players

```
W H K Y P H W D L E A F A P Y X C Z K J
A G Y E P O N G I X G V F B E T A X M C
B Z J C O S H F G K D Z C L S T G Q A F
S O Y W C R G N W Y V L A M R W G R R V
P J Y S Z E J R S Q K B A F D M H N C X
Y I M L Y K A U S U B X V Z A A A A I D
Z K S W E A Y I K Q F E H M I L N G A Y
T K W D G T D B E U V F H F R L L R N T
H R K L E T S L I V K A R I T A O O O L
T L D U D I W O V P X F B M W N N H O U
K I A A E H G K J J T P U R Y H R S Q N
Z P V G Y W K D W G K A W M E U P W W C
K V T N L T I C P R X D C F L D J R F M
Y E M I L L I G A N L K J U T G T M Y N
B I Q F M J L Z L Y Q F P M R T Z L G Y
Y D O X Z H F U W I B Z V O A G Z X L C
Y J W F L L S U C L K T C L B F J Y I W
A P D H D X N M S C I R V E I K F T P Y
R A U A D S A Q T C M T E N Q I Q N I G
G X E L S T E V E N S O N L A R N Z R G
```

Marciano	Gray	Whittaker	Hanlon	Milligan
Bartley	Horgan	Slivka	McNulty	Boyle
Gauld	Mallan	Stevenson	Agyepong	Nelom

Hibs Hall of Fame I

```
Y Y L N V F L C G H A S W L I E T B Y P
X U X N B U P O Y B I Z I P X O X A Z V
J B J E C U A P K C G X T J Q X I I P H
S U I J R H L A Z O M H M Y A D U H L K
U J I P F G V S P R T E C H D Y W G Q S
M Y C T Z E L I J M Q B C G S M X S C N
I M Y S G J R M O A C R O U A K B A V E
R L E T Z Z A R Y C B O L O O J I J W H
C Q R E J H L M G K N W L R K A P F M W
P T M V H S P S R F F N U Q X E R D F H
X J I E Q B Y I F V R L H T G V E Z Z X
J R V N F M E U K L Q I O Q W N S Z X P
L C J S L D L F U B U E R A R M T D R T
I O Q O G A P V B E F Z O P I M O P V Y
O Y Q N T I O B Q A M T U R G F N Z H Q
D L P Q F I R P Z E R U K W H G I Q Y Y
Q E A N H K C K Y K R H E P T U F Q Q G
A S Q A U I I O R A G R W R Q E Z J X B
F R A S E R D S U K D M C N B V L W Q R
C Q R N J N V P V G F T L V N K A F B A
```

Cropley	McColl	Brownlie	Cormack	Preston
Rough	Stevenson	ORouke	Fraser	Wright

Hibs Hall of Fame II

```
X I Q B A K E R I B H X S X B B H G Q T
S P K H X M Z B L M D M T U R N B U L L
W R V Z J J O D T G U Q T M Z H R R L S
A M O O R D W J M Y N P N H G N Z Y B W
N C A H Q T I F R F C R P S T G J O O O
M G N W I J J J R Z A O X M A H E H X S
B H X K R B G I U E N M P I R P Z D B T
K E Z S C G V P O N I L P T A W H B U A
I E L M G W U H E A W L F H M H V V A N
U J O H N S T O N E E P L U A E Z A Z T
Z M S G P X J R R B X G T Y N L R A C O
M D G R I H O L T N F T U V C A B I D N
B W D H A X T I H D G D H D M H T Q Z F
G L H N E W N B V O R N P B H A K O Z V
X L T U S E T O K V E O Z X N N A N Z E
C E C T M H R G V F M M Z R E N N I E P
U Q L L D F B W E K R R C F W P D S N Z
F J C F F K X M N U A O N X A Y T E G S
T M I K V X J G Y H F V B Y H J X I F D
V M I F X W Y J W T O V B X S N M P Y T
```

Duncan	Johnstone	Turnbull	Smith	Rennie
Swan	Shaw	McNamara	McGhee	Baker
Reilly	Stanton	Whelahan	Farmer	Ormond

Hibs Managers

```
G H Z W O D J O T X H I S Q P U W W M K
Q E A I I I H W Q S L R Z U R B J U H D
H D A L D J M W A A L K J T E L O D U E
P J B L N T P S U X H F R K H A I O G S
J P E I O U W M T T Y T E L C C U O H L
H C A A M R I N N V S E L H T K P W E N
W W P M R N H D Y X Y B L K U L R R S E
O Q R S O B S E K S D I I O B E E M N
Y D F O N U A Y C Y T U M K F Y J D U I
M C A N Z L W T L K O U F E P O S L N A
L B Z H P L M H F M I E B F V B N A O L
L E U Q Z I C J F Y P N Z B Y I O C T E
N J N H T H L K K C P S G V S J L V N T
P G X N B K E E T O N W C B H H N B A A
G H Q N O F I E L L B Q A K O D E J T A
F V W R O N S Z M L Y Z V B X T F C S P
R S F R C A H U G I D H O O B W T R F D
E Q M O W B R A Y N G O L T G G D O K L
S V V L D W Y S B S J V Z Y V P P R M U
K I L N C R V Z F Z E Q Y K T N P P Q A
```

Heckingbottom	Lennon	Stubbs	Butcher	Fenlon
Calderwood	Hughes	Paatelainen	Collins	Mowbray
Williamson	Sauzee	McLeish	Duffy	Miller
Blackley	Stanton	Auld	Ormond	Turnbull

Kilmarnock Players

```
T J O O W M A G L D A H Q D J L E P F U
X V P Y A T Y D E O R N R D K P O V S A
W H N A W U P W Y P Y W W W P I D W O H
I B M B O Y D I D L P L K W O M O B Y Z
C K C Q P P N K Q B R U C E W A N V L W
L K K D T Z S Y D W Q I I M E C N O V B
T Z E C B I A B C W Y A M L R K E D T U
X I N R M H I P P N B P Q S E A L L O V
B P Z W S F O B D Y E W V C I Y L A O U
M V I R N F I N D L A Y N J L C B N F K
A Z E S I R I M V L M M U I O N R O D U
U N M E G W J G H S B T N E J Q X D A E
Z A P N G R B O Y D R T F C D M B C O V
J B K O I E H Z W Q X H B Q N Q F A R P
G C O J H K Y K Q N X E I M F K G M B W
M K M F V C I E N Z Y Y Y C D B M G Z H
G M P X Z I A V Y V F W E L J B O S D C
V L O S L D M J K C E P H H K V D T W W
R I I F F K O H L T A Y L O R J W S V F
L U M H B F M P B N B V U T K M T Z W Z
```

MacDonald	ODonnell	Taylor	Bruce	Broadfoot
Power	McKenzie	Dicker	Boyd	Jones
Ndjoli	Mackay	Higgins	Boyd	Findlay

27

Kilmarnock Hall of Fame

```
Q A A X B A R V W V Q X R H A Y P O U G
W O G W A U K A G R U Q H J T V N O Q E
U B I H E W C I F W S I Q L U R B R C C
P U T O H X Y L V P A L D E G O B I O V
V N A S I W O E A R N J K G O B O J Z X
Q M Z R G Q B Z N R V T E E B E V N R K
E Z A G A D Y D M V K A D I M R H P U R
B N S K N W E O I F J E R T M T A T T C
B X M S F I L S Z C T A M T X S M K K F
N F J A H L L D V Q S O J A U O I R Z L
R L W L U L U U F M A C Y E E N L N Q K
Y L X M S I C V Z I X L A B L A T Z S N
Z E E K Z A H W E Z Z F K M E C O U B E
F D M G C M L E D O B E Z Q D R N J V K
G D N Q Y S D L L T S R Y N N M Z O Q C
C A H M U O N V F X P G K T I J I E H I
L W E Z F N B H K N I T Q P D A M K D D
C W J L T Q Q G D E C G T C Q H E F M C
Q D Q O W H N E Q A E Q P F V E F B R M
P Y K J K S V J H O C Z F M G U C Y E J
```

Beattie	Hay	Hamilton	Dindeleux	Clarke
McDicken	Waddell	Williamson	Culley	Robertson

Kilmarnock Managers

```
F O U A O E C G Q C O A Q N T W L I K W
C S A C D B M V P P Z F H Q K P T N G Y
Z C O G K S B T M F K U J U V R E D N J
S S L T M S H I Q I H P C N E P S F I V
G T H O P M O X Y X C V N B Q W L H T Q
W J T Q O I S T X W F R X Q I B N D E J
Y Q Y A O T K F Y I W R G G M W N O E X
O G F M J U N R Z L L C N M K E B O L X
N X Q C J L E X A L X R C A V J Q W F Z
B W Q C E O N K V I N U Z B K B F R U X
G T C U F C I F N A R Q P V L S N E F Q
L L G L F K A B O M Q X S N Z H N D M D
W Y E L E E L K T S R C L E J R E L F H
P K T O R O E A S O R Q E T Z Y C A D W
Q F F C I W T C N N H W I T M U T C D W
R K Y H E U A D H L L X H O I E F Q T P
P H S V S L A O O G O H S T B B U R N S
X V P Q M F P X J M X C L A R K P X Z C
J E C L A R K E D J N T G A A G B Y I P
N B M P N T E U L E E K D F B I Y C X F
```

Clarke	McCulloch	Clark	Locke	Johnston
Shiels	Paatelainen	Calderwood	Jefferies	Williamson
Totten	Burns	Fleeting		

Kilmarnock Managers II

```
G M K M M W I P X N H A S T I N G S F C
G K C R F S P Q S Q R R U I H R E Z E R
J H T G F D X K T M A T H E R F X A A C
W B K M R R E Z W C C C D H A I T G R W
V S Q S A O U N T Z Q B L X M Q L F C Y
C Q O Q M N R S P E N C E U L Y G E C A
N I D X K I O Y N C S G T E N M R R M Z
Z O C I M D D D V F C V N A J I I N H S
T M F F Y X O M C Q J U L B R K E I C M
J V G F M Z A U B S N C R I F E V E O I
L Q E J M S A P V B N T L V U O E H E T
L W H A D N M K D W X P L P F M S V G H
E Z H L V E C Z H Q C S G K Q O M C O Q
D G R O T D E W C B W Y V M G R I L Z E
D D K W I D M C D O N A L D E R T H E V
A S X P V O K D O M G N E P V I H L U I
W R P H B N S T E W A R T T F S B D A Q
Q M C H T F N G U M I X Q L X O X Z E C
D Q E Q F J N N D Y C H M C H N B Q N H
U Y G Z M W R Y C D G U V F G G B C O A
```

Morrison	Clunie	Stewart	Fernie	Sneddon
McCrae	McDonald	Waddell	Hastings	Mather
Smith	McGrory	Spence	Grieve	Smith

Livingston Players

```
Z N D W G I D V Q R V C N B C M Y X G V
H J A C O B S W Z W B X B H T W J F H D
N Y B M K R D L J M X U S P X I F E T L
F B X Y W Y M Y O E B R P N P A B Z R P
H N B B R Y K P K Y A B H W C V Q P A L
D K V S Q N C P T C F X N O V C B H W Y
I I T C T O E Z L J R N I R Q V S Z E O
F X G F Y H U P P O L Y W B T L S N T L
X I P I T T M A N O D O F F I N E W S D
K E X L C O I F I P S R N Y K P L O S H
J E W Q P F W Q B U Y L O J A L W G M X
L Y K K B O V S K P N G S Q G W A H U P
E E D N Y Q V M V P J K N E D N L T D M
R K L V C I W F R C U B I I T B K I R I
S C A Z Z J B Y V V S T B M W V E L E H
K R B M Y R H B X J B G O A A X L N L A
I Z B V E F Y N G Z E H R L X F L P L R
N U I R Z T D F O T F F T C G H Y F I D
E K S C S P V G F J C W G T R E Y N M I
B T N D W G N S F T I A P D G R O R N E
```

Kelly	Lamie	Lithgow	Brown	Byrne
Jacobs	Pittman	Hardie	Sibbald	Odoffin
Lawless	Robinson	Miller	Erskine	Stewart

Livingston International Players I

```
W K X W H A Q O R D B Y P Q Q T T N Q Q
B X M H P U E U A A L E X A N D E R L Z
C Z E V N L Q N B F E U R V I G C W R M
C I N V I D W D Y I C O J C K Z V V Z R
F W G K D G X Z J J N X H L O Y U S D M
E I A C A A A N N A D I G R Z Y L A G R
W M D M V D Y O J D Z D N V X H N L G E
Q X D R I U M C N A M E E R O S S G R T
W X J U D J E E B U R C H I L L A U I S
N R P A S X K H D Z L V F N F R J O F I
M S B X O K C O T G X Y W J B E V D F L
B E Y O N E E O U L C F O J K C V D I L
I Y M H H A V L D L G T G D I G A L T A
K Z B A Y G F A R E H Q O F Y E M A H C
A G G U E U V H N V Y L L T K K O U S M
M O U B O P V A F O T H C A P D R S P J
A E A W G C Q N S L D U M L W H T Y K R
J H R U R V V G O Z H U N L M S I Q E E
A W T B S C O J U N M L D Y H F O K R D
R T L V G K L V V J B R J W I I P N R N
```

Alexander	Amor	Burchill	Davidson	Douglas
Griffiths	Hoolahan	Kerr	Lawson	Lovell
McAllister	McNamee	Menga	Rajamaki	Ross

Livingston International Players II

```
H G D D C C W G C C S M U F L Y U K H R
L L L I Y C Q Z K I A X D O R R A N S U
N I X T J J C A L X R I S J S A H V N A
Z B A J Z A G N G B B Q G F R B W W O T
Y E M N F C C W L X Q S N V L T U B D X
J R V U D I T K E N M Y I I B T W S G W
G D B Z R S B R S L S X F N O D H Y R S
T A F A X R N O R O W R F C T A Y E A D
Y O O Q S E F I H I N T I Z F D I Y S L
C P Y M O T A K E V M Q R E I I V O S Z
I R E P N N K E R H C T G M Q D F Q S Z
S C D X S I M V O R C R X B I M E O L F
B I R K N W C I M V A E A W G I F R Q Q
E N N Y K Z J K T V N B U N R L T F Z I
K A A K B A M V I A N M S G X L K A N R
A T O F A N D X H D C A A K X E R F W N
P S F F S S W S W E R L H X J R J Y R M
C F B P X E V M I P B R K M T W X C D K
M L P I G L A C Z O A E Q N N T V E G P
I E I L V S Q M V Q V L X X E B O V B W
```

Dadi	Dorrans	Griffin	Jackson	Lambert
Liberda	McCann	McPake	Miller	Snodgrass
Stanic	Vincze	Whitmore	Winters	Xausa

Livingston Managers

```
R F B S U P R O C T O R I F Y H K H X U
K Z R K M P M I K M X R Y B J T P K D H
A L C K L E V N Z R N O H U O B X H M U
G O U G H T G Y T M N Y P H E U R J D G
A P X E U W C Q K I Y T R O O R O Z Q H
E W Y K H A U C G L L R U U Y C B M U E
V X A R N O O M Q L G A M M L H E T C S
A D B U A T L S M E C G Q Z E I R R R X
N S J B M L E T R R M E K S N L T T F L
S W X Y H F O K T F I H J P I L S D U N
W D I Q S U G Y C L E L A N D W O U O W
Y J R B I A M A J C C F H Y Y W N I C O
X A N X E O C R M Q K Q Y M L P N X P D
N V O K L J F Z H A Y X K T C N W N X R
A P I U L F J T H O W M J R N I U M N Z
L H H I T U Y G S G G V A E H O P K I N
L A H L F P N U L K S N H B X L A N D I
O H E S C W H R E Y F O S M T I P P X I
B V S C O Z N M W H Q Z N A G G Q G D Z
X H G H L W O C N E Z B U L R T R G N W
```

Holt	Miller	Hopkin	Burchill	McGlynn
Burke	Evans	Hughes	Welsh	Bollan
Murphy	Hay	Hegarty	Landi	Proctor
Robertson	Cleland	Lambert	Gough	Leishman

Motherwell Players

```
S H F L K M I A C C D M Y S A X V M H C
D X S G E X B C A A L O I W K L C J U G
H L Z M B N C U A H D G U D K V D K X M
D L D O N N E L L Y P D M A I N V R X Y
G R I M S H A W L U N K E P T U Q P E P
G M T O G L N F Z X O K E N O N Z M J D
Z L G I Y R M N Z Y S A S R Z X I S Y U
B G D S V P L K K T R U O C T V V T A N
F L D D N H B E X C A C Y K J W Y N G N
R J F W O S E F H B C F E R G U S O N E
O T Q M Z V R D A O T G H D B C L P K Q
T V C W I X I L R Y L J V H C L F K L S
W R O Z M R H B T H N Z E D U N A W A X
F J D W Z N G X L Z C V P X Z Z L I R M
B Y U C S Q U G E P I M J O H K U I F W
N P C U R T H X Y F T C A M P B E L L R
Z C W U Z R C Z M R C A C N Q T Q I U A
R K R P A A M I B Q Q G I L L E S P I E
S A G G Q Q Q M A T X G H T Z S F I L R
C U D C T S G D W K N V X Y O G C F J F
```

Carson	Tait	McHugh	Aldred	Hartley
Cadden	Campbell	Main	Frear	Ferguson
Grimshaw	Dunne	Gillespie	Mbulu	Donnelly

Motherwell Players of The Year

```
D Z Z U H A M M E L L H T E M U M D T A
W H M D C C O R R I G A N P P C X R L E
P H S L S R V R F K Q H O H Z K G G V X
E L G A D F W N Q U O Q D Z F S O T W M
J S B D L P T M V P O B V E Y P M U V Z
G X Z N O F Q N Y Z T L O C Y K L V P V
X D K I N Y V A M F Y T A G C J T I B U
U Y H W Y W G M C J X I X S E A H R D U
A L U R E W C D D E S G F D L K G W S G
E G Y E R E D O O J R V N B S E O R E V
M B M A U X D O N V F T K M F A Y M I P
U C A R S O N G A P G Q W Q H I G D O N
O A N X Q Q I J L Z I X H C A D N E Z S
L T R S A T N G D W K R D J J F O Z B F
E W Z K H X X F H E Q H Z J G S S Z W Z
D A A N U Q R L N Q Q F X U S Z K C S S
C R A I G A N U U R C B E O R L R K M A
F Q M O U L T U D C C U F X S P A P I A
A H G H Q E R Q Y D P X F C T P L H T H
V Y A I I T S D G B Y K E F T H C D H R
```

Carson	Moult	Erwin	Lasley	Higdon
Ruddy	Craigan	Clarkson	Reynolds	Smith
McDonald	Corrigan	Deloumeaux	Hammell	Goodman

Motherwell Players of The Year II

```
T T O W V Z Q M D G H I Q U T J Q R A Q
V P O P N B C A U I P Z B P S Y S K N A
X A H H J K L R F J D I T V T F Q R N V
F O A T N W J T O Z G D D Y G O F I X G
U C K L R Q T I L Y A T N G O G S K O E
U E T M S X C N A D A R A P T P Z G X B
T D M H F B D Y M D G A L C P O X F Z C
Z D S O N L H P B O R H L Q M H F T Z F
N Q D N F Y E X E R E S E F D F D B G L
E K Y O O J N C R N D I L G F I C R D L
L J O S R V A E T A N W C M D K W B H E
H O B R L A N D I N A A M L H H Z O S W
C S M E V Z N M G C V Z N J S H U P J X
U D E T T K A G H E I A A F O R B E S A
A V E A K W R F T N D A E Q B J C Z I M
M S R P W T B A W Y Q U Z U Z K S H X T
Z B R X H V E I W O T M D I J K S T R A
I Q W L T H Q O K C O E D L N D N C Y V
P B R B I W J A W E D E C V B T X T G F
W A M O H B P F Y T D X C F E I H V D B
```

Brannan	Coyne	VanDerGaag	Lambert	Martin
Dijkstra	Maxwell	Boyd	Kirk	Paterson
Wishart	Forbes	Dornan	Mauchlen	McLelland

Motherwell Managers

```
S Z J I X S R U A F E I M J A J I C P I
F S K M A Q S T J O H N A L X R P D I X
B P J D M A L P A S L T C Y M J B F L N
M O S C T R X S E D T R L K Q M R R A R
I A K T C W C M S Q B H E F M T D R P O
Q F Y X Y B N R Z M F D O K D G M E L B
E G F G X H X I Z I X K D I C H C H R I
T A I L F Y E D A E K O K E Z G L C H N
D N B P E N E N X C I J Z Z G U E T S S
J N M T T D H D D A I K N I L O A U I O
U O Y N Q L B L E L F G A Z R L N B E N
G N M P Y V A L E L I S M S S C M E L N
Q R V C M H C G H A J E P N E A C G C B
U Y U L G C L P G W O B M O I R G S M I
O I W C Q H C E C T Q X A S V A Z F S U
B V L H G L E A M I M A K T A B O D M U
Q Q D N I P F E L G Q B O A D F I W C E
Y V C V P H I L N L B R O W N Y V Q G O
Q G I C K B D P L Z X F K E P A V Y G R
N I V H U C E G B L A C K M T H Q T Z C
```

Robinson	McGhee	Baraclough	McCall	Brown
Gannon	McGhee	Malpas	Butcher	Black
Davies	Kampman	McLeish	McLean	Watson
Wallace	Hay	MacLeod	Hynd	StJohn

Rangers Players

```
W L C C L M E B S D B U U Q O N K A W Q
F K M G X G X O D S N Q C F G E J I O D
T D H K H F T U M F H C P D Z X G B F O
N S P D A J F N P M I U H Y U B L Q X R
S B T X L E S S U W S T W N L Y W M S R
E L N B L F N I D Z Y B S U R U F C M A
Q P M V I L O V V T D T U I F F O G S N
M S M H D A S A O Y F A R C L P D R W S
E K G E A N D D B I X V L Z H D E E A E
J C M E Y A L X K A O E A Y M D R G L N
Y A P U A G O K A G S R Y T P E I O L Z
U J H Z S A G C K E E N H R D F N R A M
L J M S Q N X Q V I Z I I E U O G W C U
E G B I G M L N C I E E Y F F E H S E R
E C F W O R R A L L V R A F Q K A J C P
H Y Q P E F X N B D F W Y A X E M X B H
G P Y E Q S T O M G S B E L D N Y V M Y
D B V X W Q J X P Y M K O J K T I X W Q
V C Q F W L V L O W I C W W I F N Y E E
I L Y A Z R I D P L A K Z P X C G E I G
```

McGregor	Tavernier	Worrall	Dorrans	Wallace
Goldson	Murphy	Jack	Defoe	Davis
Lafferty	Foderingham	Kent	Flanagan	Halliday

Rangers Hall of Fame I

```
I J E C C J J X P L L Y S J U M R H B C
Z E Z Q H C R N M Z X T H M U O F D C V
K O P K F S D O H M Z E C W C F I S Y A
N V F N K P H K G G S M W Y N N I G F L
R U I E D M B B O W I E I Q Q Z E T R L
G T F P I R J H A P E K W Z L L G I X A
T S H M R A E T A T E H N O Y N D P L N
G O C F G G H I S Y N Y O M T A D U B C
G Z Y Z T R F M N J X H D N N W T H H E
H N A Q C B B S R O M A R Q O G F T Y H
P C H S T E U W I W C M O C X K K A S V
C U N N I N G H A M P I G A I C X E X X
H C V A S Y M S C S H L Q M D R U B Y I
P X N X J Q O X E Q E T Y P P H Z C M P
R I X T A F B J E S R O R B V U R M T C
X J Q I V H Z D M N S N U E Z Y G N O O
J I F G R D R U M M O N D L G I B S O N
G V R E Z F Z S A R N Y K L B T Y H L L
W F N R E Q M A N D E R S O N Q W X L H
L E K Y N T R N Z V B F Y I F S Q K A F
```

McNeil	McBeath	Campbell	Vallance	McPherson
Drummond	Smith	Gibson	Hamilton	Gordon
Bowie	Cairns	Cunningham	Manderson	Dixon

Rangers Hall of Fame II

```
T T E B B K J W G G O U G H Q U T F Y B
W Z S X S X N D I T P O E V A U G E N V
F O G J X C B K S L K K S E V C A P Y N
O D O A B R O W N Z K G T F N S P Z V O
N T N D L O Z B K S T I L E X D Q R C S
A P E I S B M D A K R E N R K O U J S U
X H M R G G E H V A L Z A S L W O P S G
Q R Y M P P P R C P M C R P O Z O R E R
B E E T B B M F T N A O W Y S D R O N E
S H L R E K W I L Z X R R F S P C C U F
E C E I T S S M B N D T I U O U Q R O Q
E T T E H E Y F E M T G Y Q S D O H S G
M U A W N I U L Z D O N Z E P O Y V O K
P B H Z U V Z Y W U I G A S C O I G N E
C U D B N E V Z S W I Z H X G R X T K L
J G O F E R G U S O N C K H G Q H R Q U
L A U D R U P Y I U R O O F U T X N Z Z
C R I N V V Q I N V E Y Z S I V U O U Z
B B N R A W V Y F G F V H C J K V E R U
C L W B R J R U M V K X C N F G T J I P
```

Weir	Klos	Amoruso	Ferguson	Albertz
Gascoigne	Laudrup	Hateley	Ferguson	Brown
Gough	Wilkins	Woods	Souness	Butcher

Rangers Managers

```
Y O Y F I S M M K M G G Y F I I M N B P
Y D K K J Z J N V Q Z A R F B H O E W Q
F X J G Q M G O M E D V D H B T S U Y O
U P S N Z F E T G L A T G E H U A K E G
A X T U P Q T L E N Y K N Y O R Q V N X
Q B S B L B I I R I K V O T A T E F R O
X K I I K O H W R T H S T R D S L O B K
C N O Q B S W M A K W Y R U V H O S O Y
G E C W H Y L Y R U J A U M O L P I V T
N Q C T L L E Q D Y F C B C C H O S U J
D O M G L N C Z D M V Y R A A B Y O M R
S L V R E K A N F M I B A I A R S U P X
H F O E D F L R S G C B W X T H Y N B T
S W F I D V L X I M B Q B I Y P M E Y M
Y T V G A A A C U J I X S N H C O S S Z
R B H C W E W N U L C T Q H L E N S N N
S K P M D M Y T U T D R H A L B F L C B
R K O G B S A U E V Z V B Y P I S O S Z
U Y X D L F L N A M C L E I S H Y Z Z C
M F Q M Z Q X W I U L E G U E N N R E A
```

Gerrard	Murty	Caixinha	Warburton	McCoist
LeGuen	McLeish	Advocaat	Smith	Souness
Greig	Wallace	Waddell	White	Symon
Struth	Wilton			

Giovani

42

St Johnstone Players

```
O H A L L O R A N L Y A D A V I D S O N
W Q Y P N I K H U N L F H V P R U Z M M
M I K F M Y U R Y K I U Q I C O M R I E
A P W O T H E R S P O O N K J T P F S V
L J J L I N L L C M D S I B E I Q S B F
N F C K N P C K U E P R W L C R Y W O K
Q E E N K M A X T O Z N N T Z V R A I A
N L R D J R N Y H K J N K Q C V S N D N
V O E J O L B R G P R U U F C B H S A E
Q F R R R Y B P I I E K G E Z P A O H H
Y Z Z N S F M R R C S D L L B J U N S E
R G D L K U B V W M N Z B R K I G L U N
D E L F G S G U W H A Q F O F X H Y Q J
N U Y K H W E M V X T F X J V T N G B U
E L A R O Z K D O W J R Q C H L E V I B
H A M A K W T A L S T O N B N X S K U X
W L B L R G V E N O Q X Q E Q C S O B G
D D B C S F U F T I F E C L P Q Y B V I
R P H Q K Z I R M L S P C L F O S T E R
P S B Y W X Q R W Y I H S S N Z B N D Q
```

Clark	Tanser	Alston	Shaughnessy	Wright
Davidson	Kane	Wotherspoon	Swanson	Bell
Comrie	Kerr	OHalloran	Foster	Hendry

St Johnstone Hall of Fame

```
V X C M I Z Z T U W L Y B X P Q E H G W
R S E G E M U M I N Z M I N E X N A R Z
U D U Y P O H Q B E Z X T W R C O L A A
T H X S Q Q G J G P H B C Z N R R L N R
H G R P E B L Y D T T L Q Y V N R F T C
E A B F K R Q Y J U D X F R I F A V D W
R O S X J O S R L B P P T V W S B A N M
F J E T T W Z M S I C O N N O L L Y N X
O N G D L N X S C H A G Y J T E P U H Y
R X P B Z J B N Q K Y W C L H E H L P E
D K B R D M P L J P I J Q K T D X R R R
E W I R F D F P Q P I N X I A T K J X K
I Q N G O J T R A D L G V T X Q V L Z S
J K J W C G J R P W E H I E K F J E I A
Q R E I L A A J X U P W W E N W H C I M
L M I J W L C N T P B Q I K C O B U R N
C V Z I A H A N L C W I A J O T H N V D
V O J X M J R L F V P Z K C C I W J L Z
Q K J T A T R F H R C Q D U P R E E Y T
B K X E F F H D Q N L Q J B N F T N T M
```

Brown	Carr	Coburn	Hall	Brogan
Grant	McKinven	Connolly	Rutherford	Barron
Maskrey				

St Johnstone Managers I

```
P C D G Q C J S M K Z P U Y O Z G T R Y
R V N S M H M W O W R Y W W W R D B P T
Y A I J C J N M B C Q N F I D F N Y O K
J E A L I T A M C C L E L L A N D Q R X
D Q C J N P Q Y Y S J I K U T K X K K V
O T O S N P A I E W Q H O Y C T K B I H
C M N G E H Z B Y R H G P O C V I N G W
H R N F S F O A T I H O P A N A J P V F
H N O K U B A M C G N T G V A A Z L W I
R Q L C I F E H F H T R U L T T D N S R
Q F L O R E Y S F T M A T W J O I A B Z
T N Y R L A S I T T G U M G I K T M E A
J Q K R Z C B J Y A B T G G M Y M T V I
T X M U F B Z O E J R S U V X R E J E S
M D H T E T X X K W E K J X G W I X W N
Q W N S R R L A J R J J P I Q U N T C K
E W G D V U R O G L D R C A E O N N J Y
A P K O N X E I M W C C C L N W E G I B
O C O Y L E M Y Y A G I B S O N R W I X
K X J P S J R H E G S M J R F A E Y N I
```

Wright	**Lomas**	**McInnes**	**Coyle**	**Connolly**
Stark	**Sturrock**	**McClelland**	**Totten**	**Gibson**
Rennie	**Stuart**			

St Johnstone Managers II

```
T M X Z Z I X B X D C S T E W A R T P B
K A K S I D K Q S M T L N T U Z M O J Y
P I V Z K Z S O X P K L S A S V R K E P
E O Q I B J J N P G E R A Y C Y U H U C
J J F C K E L J C P D P L L F A T O Y R
L I D J R C K C A L B R Q O W M H N I G
M M C A F A K S W U L M L R S G E S A R
F K X W O V P M B L K N Y W Z B R G D A
G G U B S R R N U K K W E V R C F T Z N
I N T Y C C M K E I V S H Y L T O D G T
D O W B S S F O C L R Q U A A N R R Y H
G P N Y P T J T N Q L H M E C O D A B M
Q B I P Y G O N U D Q E E H M L Q W R F
B R K Y Z P Z R W L E I Z A B L C U S Y
E G C S H H V E R G L I N I D I I L Z B
J D Q B V T X N B I M D U G F T P D H U
V Z M I S N Y T U R E R P L Z T J K N C
B I I U O R N D L T P O U Y J A T T V H
V L X E L E B I E Q B R O W N P O W T A
G N I H F V L T R X G V D C U G K G O N
```

Storrie	Stewart	Ormond	Brown	Pattillo
Crapnell	Rutherford	Muirhead	Taylor	Buchan
Grant				

St Mirren Players

```
B D A E Y O B A I D F A L J F W W M A B
G D E A M D L O S D Y P V A P N N A O C
Q S Y A T H J Z D W M O O C J D K G U B
E L H A M I P J O N E P F K M U Z E K J
J L Z I F F K O Y K T E Y S C E B N B P
X K E L L E R M A N N S A O Y R Z N X H
L X E F W N N F H T D C U N M L W I N L
I E J H N K B E V J E U Z U A U E S F R
U Y P R O L K E D Y Z T V X C E L A U I
K J U A Z Y O V U K K X Q L K M S Y M D
O T U W A I M H P J V B U O E U U C C D
B I K A N J Q C V I Z K G H N L J O G P
T M H Q Y K H T G S U J K I Z L O O I M
Z S L N K I Y K U U M Y Y V I E R K N F
T W D N D L H K H B V P N D E N D E N I
T U R Y A Y S D P Z H N O Y V O F K A Z
A Q E L L O W L R Q U S F V J I P W V A
W Q Y F H N V I P X Q F D W M D G M Z M
V P E E I S D E E R K B F G D X E E V W
Z H R S V G B A I R D I R O W X E R T R
```

Hladky	McGinn	Muzek	MacKenzie	Magennis
Flynn	Nazon	Dreyer	Jackson	Lyons
Baird	Popescu	Kellermann	Mullen	Cooke

St Mirren Hall of Fame I

```
B A R O D G E R I G Y H L J Y I M Q Y V
Y A I B H R T G A W F I Z K M M F O N T
D T K K V E H K L M S K Y B E Y G C A G
M P C E Y L G T L A E M Y F Q E L J U I
O R K I R L I G G K I L E D A V X A U T
N E G S U I R O E U L U P W K R G H G U
E N I H G M W W G H L G B Y P A I Z L R
Y M N E A Y C C Q T I E G A O G R G L N
W O H Q I B T K K V G E O Y Z C M Y A E
G S F B F I T Z P A T R I C K M O E W R
T P G V M O C B M J E F C J O Y N L O D
G V Q W K J Z A M C D X X Q V E O S D L
W T U A H S T A R K N X W I A L T P C P
A B E R C R O M B Y A R R C W D L A M P
N I E B G T A D C Y L Z A L J R U L X O
M C L A U G H L I N E S B I Y A F F T L
H E T J I G J R B X C F U W B Y Z Z Y N
O Q T G P X F M Q M Y V G J V W J R S U
J M U R R A Y Q D R R U U O N N T Y E D
C K P I E J D R V W B C R O I P P O L R
```

Fitzpatrick	Murray	Gillies	Money	Lapsley
Miller	McGarvey	Yardley	Fulton	McDowall
Turner	Wright	Dunlop	Rodger	Stark
McLaughlin	Abercromby	Somner	Baker	Bryceland

St Mirren Hall of Fame II

```
H T D Y Q F G F P B G C X N M B G I W P
G P A H W T K E F K N A T O A H N P Z S
R X R Y I T D W Z S Q V Z P S T I H X A
C M R B D S L M F P C K M B O M O J Q D
M E C Q T M N Y C K E T E M R C P N W Y
M I E I O Q D F A W W W V A J C R I L R
K U I O M I B Y M L H W I P Y R R A P I
Y L M M M Z Y D Y L T I L G S A V W G X
G N W C F G T Q U J A C R T C E B Z K M
A G G V G J W Q Y L H O W T H O N D C C
Z M T J C R M W I L S O N Z E R E R Z G
R I C H A R D S O N J G B A X R D O X O
S J H C T W Z R T Z L U E N G I D F H W
T O I Q A O E A X S S R C T E Y A D Z N
T I A R J G P N L L A N K E B T F A E E
C O P L A N D K R U U E E N R E C R N I
S J O Q H L O I W O T U T J Q V M B O E
L H X X B R K N Q W Y X T I R A T C B O
G E S Z I F R V H G B N S V B L Y Y T Y
A P I D U V P A I C L U N I E M D N P Y
```

McGowne	Wilson	McCrae	McFadden	Richardson
Beckett	McWhirter	Clunie	Bradford	Roy
Lavety	Rankin	Zanten	Copland	Bone

St Mirren Managers

```
G Q N Y Z P X A A K U Y W E G A D L C F
F K U D R Q V C R A I G A G O O U U C Y
O C G T Q J P W X Y R T L E N N O N H F
T I O Y X F G W A Q P K C P L T M K A J
H K M U R R A Y Z H E A D Y A K H A Y M
E F E F G J I H W H U T P Y O H Y P Q C
R F N A Q H D G Y E S M I L L W A R D M
I P M B R O L I D J N K P Y K H A N I A
N J W K X N K I A B O C J H U L C Q W N
G D Z Y F Q E B N K S I M K R G O H O U
H H K Z G E U Y L N R R B T G I L J H S
A M W F G A Z I Y E E T Y A O A E P I A
M M U N R O R W T L H A R R B E I S N S
X Q S E Z H S J L A P P E K A A R A B X
B R A D K Z V T O E C Z L S I E D R Q J
U X A E C D S T U T A T L S R W N C E H
H T R C Y M W I O B M I I O M C E F M Y
A V Y S Q T D Z E W B F M R S T H P T E
C Q E A N K A J B W O S M I T H I S U J
X P C A R P T I N Q C O P L O B D Y O E
```

Kearney	Stubbs	Ross	McManus	Rae
Murray	Teale	Craig	Lennon	MacPherson
Coughlin	Hendrie	Fitzpatrick	Munro	Hay
Smith	Miller	Humphries	Millward	Fotheringham

Aberdeen Squad

```
B E J S A B F J O C A J U W O Z B R L N
M X X M T W D J I V K N H K I B E C G U
X C Y N V E G E X P D P C E D L W V F U
E M A E M M W L V G H M T J X W S Q H P
Z A S N A Z T A E L R N G K Y Y O O Y V
X C O I V H R N R E I F Z W O U S Z N N
R K E D N B F N N T S N E Y R A P Z S R
J A E I R F M V G A R O S R W Y Z R H R
V Y A S F G B N A N F Y N J G P O A L Q
M S L N M E G R L N S C C B L U J F Y M
G T F O C Y L N E E H Y G O K L S C A C
B E N C G O T A W K I H T H S T W O D O
M V R Z I Q R G I C N N G L H G Y N N B
E E P S N N O O S M N Y O S D K R O C V
Z N S I N O J L T L I Y U Z R R M O L D
Y F V J O I S P M Q E G Y P O G W F V Y
I L U N T S C M A Z Q H A L F O R D D E
D E B N F K Z Y Y A Z T T X G Z X G Q C
H G B L L Z T I S Q X R R P C I Y V O D
M P L U W U X D V O V X N A Q M A A T Y
```

Lewis	Logan	Shinnie	Considine	McKenna
Stewart	Gleeson	Wilson	McGinn	MackaySteven
Halford	Cosgrove	May	Devlin	Ferguson

Aberdeen Hall of Fame

```
A J F A W Y M B R H X H F Q G P L J M V
M M G Y V P Q Y F A Q K H H T U J Z Y N
T P Z T U P E K H I G R F E G J U Z D J
U C B R S V W B Z I S C S R O J G N Z F
V P H F T I P O H R I J K T U S T L N J
N F A E D D C M D E V L I N W H A U O Q
E L L R T Q V S K M C K E N N A R L S V
V E F G D Y D Z I H Q W Y N Q W G N E H
E V O U Z F X K P G G L E W I S Z C E U
T O R S S W M Q Y N S Y D K N H V N L N
S R D O V Z E B W S T E W A R T X J G N
Y G W N T O D T T I K D S V P N S X A I
A S Q T L N N I D P J Y N Z B W M D R G
K O A P A B Z L Q T F M X W I L S O N C
C C L L X L D R M U T W S H I N N I E M
A N K C O O K R A W T G Z A T N N G K F
M E L R T G N L F X K O W S Q X H V L C
Z M A Y P A S B C V I N L W R Y U J K C
D F J K X N J I H W K U H Y P E A D M J
C B F L W G C O N S I D I N E K C R C Y
```

Lewis	Logan	Shinnie	Considine	McKenna
Stewart	Gleeson	Wilson	McGinn	MackaySteven
Halford	Cosgrove	May	Devlin	Ferguson

Aberdeen Top Goalscorers

```
A W A J T Q X F J Y B Q W H D X X J B S
Q H T E H A M I L T O N U X A I W S R D
D A D K D X T A X J I V G C A B S J O L
E R T D G U V H D W Z H A Y K E J Q B I
I P B V J A R V I E M I L L S N R W B Q
I E A H U J Z A J R U K Z F K N J M Q C
S R P Q R S U S V Y Y Z S C N Y O M C H
L F M M N D T N H G E P R X B Y G J L B
X U W X H C W N R R E N G N L O X T L A
O S B S A H V W F I J A O A T R H L W Z
V V Y Z T Y I J T T Y L W Z X S B S N B
L K Q I H N H A R R Y O R S T O N J Z
L H S F E U M W G S Z V U Z F O A I F H
E M E C R Y O S L U Q W Z A K N L N M V
G I O L Y D I H E R V F M C G H E E J Q
Y D E I Y W Z E J P V C D R X F V I I R
F G F F J C X U U E K O F N X I M B D C
F Q P N P F P W X E W A R M S T R O N G
W G U T M H V Y T J B R Z Z P T L S C F
I C H A M E D N V F Z C R U Q L A C Z I
```

Harper   Armstrong   Hamilton   HarryYorston   Jarvie

BennyYorston   Mills   Hather   McGhee   Robb

Aberdeen Managers

```
V F A S G L N Q B M T H P P C A N G M W
W H G D Q L J U V G D A L L J H L I J I
I S S L S G P I Z K K O J S M I T H U H
C E C E S W G B I S L C H B H H O I N V
W N A I S G D F G P F C O J U W F T H G
Q N L F C P Y Y E U D M A I T K E N V D
K I D R I Y Z Q E Z O C B V I E F E T K
H C E E M Y C B C X H C C Y X M K F A N
A M R T C X E K N E L C F H K E N W T B
M B W R A G H D E D L L J V A Y H G F R
C O O O V V B K Q M H H R G G R A V Z F
G G O P N W B M H O A G E C E Y W R U X
H P D O O X R M E V D F L Z M X A V L C
E A P F S X N U Y L V J L C D A H D L C
E T C R U H W I Q E O O I Y P R Z O I I
N E Q A G B O A W P K Z M E X A F E E T
N R Z D R A R H G F S I S U I J T L N D
X S F U E P B J H K Q O K N O X P C C I
I O D P F T Q S C O T T E I J F Q A M I
X N A G L O R F H F C A L I X D E M O J
```

McInnes	Brown	McGhee	Calderwood	Paterson
Skovdahl	Miller	Aitken	Smith	Scott
Porterfield	Knox	Ferguson	McNeill	MacLeod

Celtic Squad

```
W J Q F S C Q I J T P D Y N L A P J H T
R N L T T L V O N Z W L K B M B X K R G
I A I A X A B S U T O C D Y B H J D Z S
G Y Y Q L P Q F O I S Y C N F M P X T I
K S T D U V T K U H Z D G O R D O N D M
W D F F X M Y K A I O V L D O D C V G U
C B O E N J W T B A Y O H L P L B W A N
C C X L A T D Q N C T G V T Q D Y W Y O
B G S R J C V J L J E K W X N I U W Y V
Q Z G H L L B I T T O N N C H U D U M I
C B H G O Y F T C K R Y S H S A O X K C
M R D H T R A N Y E A E H R I W N X S W
Q O M P N D K W G C Z C T I N D U L Q B
S W O X O N K O I H Q I I S C K J F M S
E N L A H E F D P S Z G F T L V V Z M P
Y E X S D H Y U B F E O F I A K Q W C K
A U Z R C Z S D G X A R I E I F A I H F
H G A M B O A Y Z B J M R H R E Z J F I
B A R Z A N I Z D I Z A G U I R R E C K
K Q V B R P A O M V G I Y A X V H A W P
```

Gordon	Toljan	Izaguirre	Hendry	Simunovic
Bitton	Brown	Griffiths	Bayo	Sinclair
Gamboa	Arzani	Hayes	Christie	Rogic

Celtic Legends

```
O S H M L U T L P N C W B H M K W D I E
P Z G O Z T S I M P S O N K G P P U J U
J B I E E Z X D E F Y L E H M L H D M D
D E K O M G P X C R K A N I S Y K Y U R
F J V E H M A V I C V R G C Q V U L R N
L D N G X Y E M U Q J S M O O W P U D F
S L Z R K M Z L S A O S Q D K O H O O Z
S U M P B M X N L F H O X T P E M W C W
W A S H G H I Y W T N N A J B U C H H
G S U A N C K R O U S L G B N M L V B R
G P K Z B C G V A S T L I U T C N S I E
F A B I A D I I K Q O E I O B N N A J M
G H C O P N O A T A N N X G H E I K K L
G T R Z X P Z Q B F E N W O S I A M R W
Z H B C P O O A E Y T O D W I L R N K K
N N V D R I G P V Y Z X R Q L L G V P R
K J M C S T A Y N W U C B T G I C Z O I
G W G R R G Q O F Z L E X A L N M J O O
T Y X Q R R D D U T P W J M A H R R R P
T C N X M G R M G Z E F F W D D W X Y L
```

Simpson	McGrain	Gemmell	Murdoch	McStay
McNeill	Auld	Johnstone	Lennox	Dalglish
Larsson				

56

Celtic Captains

```
U R C N L F D Z N Z Y W P Z H N M Z G Q
W T F G C Y E Y K X P Y R Z H V T E A M
T A W G Y U E A I E R X R S K H A Z C J
O A J S W D U H M V B Y Q B P Z I P K X
Q E F Y W J N Z P H W J E R U L T J J P
V N Z G B O O X K B C Q S Y N V K O O E
P C D X N H P J R H H Q I L W U E Y W A
B Q C R C W V X V D G V B R O W N R Y C
N J M C M A N U S W L S G F L E R I P O
I E R D S R R L F M Z D C L A D H Y Y C
A V S B W G Q M O K B X K L M B L W H K
R A I N B J R U C L F S K I B M Y H O P
G N R Z D D F V K N Y O F E E O Y S E S
C S O B R Z C M B K A B S N R P A I N E
M X R L M Y Q D X D L M Z C T D T L I Y
Z T E P Q A O K Y Z O I A M F Y S G E I
B G Q L P K L E N N O N X R B O C A T X
Y I X R T C M R S J N S C N A B M D S R
H M S R T A Q S E A E X M T K B L F N A
A B U Z A M V X J A Y D E G A P S I F D
```

Brown	McManus	Lennon	McNamara	Lambert
Boyd	McStay	Aitken	McGrain	Daglish
McNeill	MacKay	Peacock	Evans	Stein

Celtic Managers

```
J S Q H C Z D U S Q V Y J G G G I T H R
G A Z P C J W Q K O H K S L M V C G B X
C R L R H D Z F T U Y A X Y C P I R R F
D K H C U K Y T M C V C V S N F R T A B
R O M B S T R A C H A N B R E U A M D Q
E L D U R V V E N G L O S A I Q C H Y A
U X X L E G G B I X I L W Q L L A X W B
J P C C G Q Q U E X F U C X L P M K Z B
B S X T D T D R F R G D K L A R I C D G
B A O D O J I N L W F M Z G I T N G D L
Q R A S R S Q S E C I O P R M J H C K G
O K R O F R T J N K Y L Y M S O C D V B
P F T B M S L S N U K S P G Y N Y C I Q
J Q Z O R E L V O S O A Q I M E A J Q A
O M B R N N N S N F Z Z C W A W R W X L
S N M S I R E M H T U Z V M L Y B T E I
H O E Q E A S B R F K P F W E H W O H E
P V K I F B N T H I V I C U Y E O I A D
J A M U L F A R E G A Q C W H R M U Y C
W J E W Y L J T M V S Y L B U T X R J K
```

Rodgers	Deila	Lennon	Mowbray	Strachan
ONeill	Barnes	Venglos	Jansen	Burns
Macari	Brady	Hay	McNeill	Maley

Dundee Squad

```
K T V F B N J O C B X U A A P X Y R T Q
E X D P F F X Z J F N T I U B Q H E N A
D A I N K A V J V Z E H Q C Q Y B D C H
P X A J T R A D A V I E S N V U V Q T I
O F Q T Z M O D Y J Z R X G R C J D T T
C T P V K N N G T O S U L L I V A N H N
H Z N Z E E O J N N M S O J Q J T L G O
T F F J P E R U E O I I V O K M C X I S
H N Q W G R B R G S P Z L B F T W L R L
U Z Z T U M A X O B A N L L V A P C W E
D L B K H T C L Y O R W V F E B L H S N
D U D T J H V G P R I I K E O R T P E G
R M L B U C U J O H S J J U L W M R L R
R B S Z H O A X P W H X S O S I O P A N
D N H A M I L T O N A Z O O Z U L O D F
V J Y A X V P X X T F N Q D H O N V D G
E D O X X W M O F I W P J K E K H G J S
B Y W V K Y D I M I B O W A P A V O A T
C K S H X R S G I L L F P Q H H Q G F W
B U B N T Y S G B B O E O B K L H K C C
```

Hamilton	Kerr	Ralph	Woods	Kusunga
ODea	OSullivan	Wright	Parish	Davies
McGowan	Robson	Dales	Miller	Nelson

Dundee Hall of Fame I

```
T A Q I G K B D M J F T H O D J T U D D
T B L N D D O W Y V B X H U I B T N T H
M R M A M E X I F S D O Y P P K H I J Y
E O B L W W W J K L Q A Y W L N G H I S
Q W X L I I K B P E S J N D G Q I A D X
H N V A V A L H X B T P A V O J R R J T
T W N A F D N S O Q U P S E Y Y W M Q D
F Y I D C F A C O Q A U P A L T J R N U
R Q M O L T X M Q N R O O M O K F V H N
X B I N Y R H K Q F T R J X B P C Z N C
Q E K A I S N C B E N T W K L X I O N A
M R D L W A O S C R P C M O Y M S R P N
E O A D Y L S L V Q N W L A T O A N I M
X Z L S T G T P G T N I O D O N E U X E
O I O O L U R A L T A X R Z H F K U U G
P N E N X O E A E X G U G X Z I Y R V E
E R H X A D B D N Z C Z L O X N Q J V D
D W Z H Q M O I N I M N D P W A U A V D
U O R Q C U R V I C U O V J Y S U T T E
H M T D O O R P E R D H D F G P I P A S
```

Douglas	Wright	Allan	Stuart	Troup
McGann	Pirie	Donaldson	Geddes	Brown
Duncan	Wilson	Glennie	Boyd	Robertson

Dundee Hall of Fame II

```
J S T W E E P S G O L B K W L K G U D L
I D D D A M C G F X E A U J V Q P B R F
K P R Q A H H Y A H R A B Y I V M X E Q
Z F V P B K E N S P L S A E N Y S E C F
M H X Y Q I N E N U C X L N I I S I A D
P Y I A W I S H A R T S H I S U R C L O
M K T N F V B O S L O C N L U L H G L I
C B U Q V D U F F Y B O K U O C Z B A U
V D Z Q O T S U S Z R T M N C F M J W Y
S M R H J B D V M A B T F E C Z W T F L
C I C O Y P O E I O H S Y H T U Y Y U K
O H O K W R W O T K C A X J Y P I N U N
X W D T T E I A H W B E M C K J Y N S A
N P T H Q X E Z R W A A E I N H T M J H
W V B Q F V E O U C P S O E L B X B H S
D F Z Y B U F W Q I X N U O Z T Q I T P
V R L J V U R I B M N I N Z F Q O A I O
P A D Q C A P E N M A N D Y B P D N E U
V R H U X B G G C O Y N E Q U H U T S E
K C A P Y K I P X P D N D D L C S J D T
```

Smith	Wishart	Seith	Coyne	Liney
Ure	Penman	Cousin	Duffy	Wallace
Shankly	Hamilton	Scott	Dowie	Cox

Dundee Managers

```
A W A L L A C E A T L M E W K G R Y M F
H S M A C K A Y Y N N Z W S M I T H Q L
F S G E M M E L L Y A B W D G H M S M C
T H X A W P B K E R N A G H A N L B K L
B T L M U N R O E P V A W Y R F O L A P
U I D B Q I Q W W L X G Z S P G H E J Q
C M M Y Q T L F M R Z G W C M P S U B I
Y S S V H V T B T M N J V O V C I Y F P
J B O N E T T I R L N O L T Z C H C B I
I E H K S T A I N R O D V T K S C B L K
L M C C Z O D T A D S D K Q Y F C E Y R
T C J A B B M T B U T Z F V E X V P Z U
B C K M W D C N C D M L V I L G T W Z B
O A E R D N I K K G A D R N T K R A E N
J N W O V N N J M L I U K V R R S S Q V
Y N S C E Q T V S F Q F B L A A K E J F
Q J K C R L Y X W N E F K R H P K T I L
J F W M L G R O M O O Y M S F Z N I J V
V E O N S E E N Q S W P I O S F C H V L
F Q B R O W N K U U R R J Q P U O W T B
```

McIntyre	McCann	Hartley	Brown	Smith
Chisholm	Rae	Kernaghan	Bonetti	McCormack
Duffy	Stainrod	Munro	Wallace	Smith
Scott	Knox	Mackay	Gemmell	White

Hamilton Players

```
X J M R P W H A F Q J P X M R Y E C M C
W Y D P U U F M F K B D B F E U B K B Q
O J E G M W K S Y H A T L X R J J S I T
D W A W W I D R A Q M C G O W A N D Z W
S O O M K M I L L E R U N D B X K X J Z
N W T Y M Q Y M E E R U H E N C Q C E X
F I T F A J B V Y L A L G N M X W U C Y
B A S F H V N K K E A T I N G S T E Q E
D T P O G H B U E D X N R B P R V M Q L
O J S S N L S K C H T W O O D S D A A K
R B A N I K X I K P Z R E W P T J C T A
D T G B N T W L V R P V X M C S N K C O
L W L Q N H V G N A Y S W N R H A I I N
P B A N U D L A U F H X Y E I I A N G O
C Z D W C R I L M H Q G U S N E E N O D
T N B I G U P L E W T P Y Z N M I O G R
S G D L D V G O O L S Z L V A B R N D O
T D A V I E S N K W H V O W M E M R J G
K T Y W A L P U E U O W C W C X I X U J
L B Z Z X W Y C T U R N R I M F T R U I
```

Woods	McGowan	McMann	Gordon	Tshiembe
Kilgallon	Imrie	Davies	Oakley	Keatings
Miller	Taiwo	Gogic	Cunningham	MacKinnon

Hamilton Players II

```
L D D R N B U X R A C A T T O Q G M P K
I D I D W Z U R S L L T F C Z L Y U H E
S D K N H X W F X A F W X N F L Q P T F
X N A Y T M M N E Y Z T G J X J C C I M
X U U Y F X D Y O N K O J Y N X R L M I
J Z P O U N X Q E K E R Y C L S B S S M
V F N S L A W T L S O M M R Z X A O O N
J G A I E L C N C O P X Y U L Y L W X A
L M D C P L N A J L M Q S U D I U A B U
K H W C Z I D W H G K O H N H I G H W G
P L H Z M M X M K T G A N D R E U E B H
X P N J O C O Q U K O E J A L O H L V B
A M P D I M L C O N M K W N V E V C Z C
R F A F W X H W N M P T B R U N L J U F
E B L U B D B G G W D E N W H E M Y D K
G O L L U N G D C B F S N Q N D P K P P
N Y E T Z N L E I Q X I W N G S F K V J
A D Y O R A U W I N T E R C Y R P U N Z
T Z O N R T C F Z I D U O P B A I I D M
S W A M A R T I N Z A V A B C M Y Y L Y
```

McMillan	Penny	Winter	Marsden	Want
Andreu	Fulton	Martin	Stanger	Smith
Boyd	Mimnaugh	Sowah	Ogkmpoe	

Hamilton Managers I

```
T K G S J E V A X L S J X E U M N L O B
B L A C K L E Y B S Z I R T G E N A N A
L J P X X A B Q I U N Y Z Q M E H V E I
D I M E B K H F N T X L P S X C I R I V
E H Z F Y B U D O Y V S K W U I L V J E
M M C U R E I D W Z Z J E U A R L K F H
P P B A N V P N A M J A R B N P C G X Q
S V L P N W G R L E H E N K D Y O P O L
E X K O D N H S O E H R D S R X A P Q P
Y S R R J X I T W A R S P L K C T S J M
I Z K O T T C N C A T V Z W R G W Z J V
K A X H G A P E G U L M J M A J K E E X
C I U D S C K R G L I Z A A L A T I V W
A H Q O Z C Y E S D N I U I C F W B N W
I T Z R H R T N G C E M M U T Y G M O P
I P Y N N O C E X G R I U J P L J A S U
B Y I U F W Y I H B A L N X M L A L W I
G R G M W P D L W G L L Z H H J O N A W
D I S K D C P G O Z C E Z Z A S G F D J
V Y E H C Y O T Z M M R Y H N T X A F I
```

Rice	Canning	Neil	Reid	Maitland
Hillcoat	Dawson	Miller	Clark	Munro
McLaren	Lambie	Dempsey	Auld	Blackley

Hamilton Managers II

```
E P L J J S C M C S T A Y I I N R S J C
C A U A Z J N M E Y G Y G P G V L F D U
L C F C X R B P T S B A N D Q I W X H U
E S A O U K C G E C A F W Y L I E Y M U
V T R Z A B Z D U N C A N G X Y C I I F
H E S K F H Q N E W I N G Q Z H R P W U
S Z D R P Q H O C O X Q O Z D N I K W R
I W N O R W K T J Q J Y O M N O N C M O
M X Y G A T D A A L Q V L C A N E E L T
P P Z B F K R P U Z W M A Z L A S B T C
S G O J I V E B D P A Z C Z T H P S N O
O K F Q S B R W I A W S W D R C R I O F
N Q K V N C A F B W U M E M A U O A M E
H K X I P Q E Y D W S U T N P B Z R A M
E P G M J A H B M H H M I V C C Z Q L U
P V G Z F L S O O J L I I B M B F N P S
L U Y V E Z W Q D Y K H M T M J B B H X
B A M O O U I G Y S B X E W H L O W E Z
W O M N B M C A N D R E W A D O M E P W
V V E H I V W B M M C P Y W T U R R G A
```

McPartland	Smith	Lamont	Simpson	Shearer
Ewing	Crines	Paton	Lowe	Cox
Wylie	McStay	McAndrew	Duncan	Buchanon
Raisbeck				

Hearts Players

```
C L H E N Z P E F W W R O D A M A Z O M
V S J C E L H E B Z C U T K O Q F Z S B
N O M T X A I X B W L I V M E Y N L E E
S U D M A M E W O W Z Q C F Y M L U L Z
N T J J Q A A X Z X I L J Z S D L E C S
Z T Y N O L A T A F K C R X S M R G Q Z
I A Y G J U O L N L H U F B E P U G D I
B R V B R Q M L I B T S N L N E B E Q U
G R H U V Y K E C W I U O E H J O Q H N
V E A L Q A O H R X M X T X G N I W J V
R W C B R V V C U H S Z H S U H W H A J
A P U J W W X T E S I P G M A U V V S I
K Z X Y N Z A I F T A I I I H G O G Q X
N Y D J Z Z D M K X N E W T S H I Z L U
L K Z I X H W E H P P Y O H F E J V F L
J P F L H K P C G D D M G P S S C P G J
H A R I N G A X F A B K R C Q V C G H R
U R W I B E R R A A R L B I A H C J B P
H R P I F J E M I F Y R M K D E H B L Z
U B B Z D G C M H R Y O E C L A R E U Q
```

Zlamal	Smith	Shaughnessy	Souttar	Haring
Berra	Bozanic	Lee	Clare	Djoum
Mitchell	Doyle	Naismith	Wighton	Hughes

Hearts Hall of Fame I

```
S P O G W Y P N R M U O X V F M W Q C M
K L H P G K Q H Y W D E J X E W J J K P
N J Y B R X P D Q E B Z Q J P S K M H E
A G F Z I I T K I T U G H M K I D D F L
H A M J B R Y I W I S E O B G S Q I I P
S A A Z A G R G R H B R A N D E R S O N
K L R Z U Z P P Y W Y C B N G D G W O I
C F S I Z Y T F W Z Z G J A R D I N E R
I C H O U I T C M A C D O N A L D A Y E
U F A J M M O O Y Y J R Y Y W F I B S I
R O L E S V S L S C E L J P K J E A I D
C R L F I O M Q T M V U P K X K H T R R
I D X F O A W U X R C S R O P U Y T G U
M X C E X V K H N L K R A E C A Z L C P
I N X R L B G O N P S Z A E B F M E F S
C Q A I L H I U O P L L I W W H P S O R
D H C E F M S N C D S V E O F T F Z P Y
R U E S G J P F J E P B J H F O Q H F Q
W X Q Q A J K L T D R P V O D P R I E G
U W Z A G H M Y V Q A K O Z U M T D R T
```

Busby	Kidd	Anderson	White	Battles
Colquhoun	Purdie	Crawford	MacDonald	Jardine
Cruickshank	Marshall	Conn	Ford	Jefferies

Hearts Hall of Fame II

```
H P J C E S X M Y G L I D D E N B V M N
K F L C Q M C B M J P U O R S Q A C Y P
Y C J Q M W O P E K K Z N H S X U R E X
E O Y B S A O G D K W Q P G J R L D L F
E H U F U R D C U J V H T G N O D W S H
H H M N L D L H E R Y F O O I B L V S O
A F I A G H O Y U S M I T H E E V I E N
P Q T P W A N D E T O B O G V R R E R X
F D O K G U I P F N U X J B E T J W P Y
Z D G H J G X R I B F Z T X L S Q I V T
H C P O Z H L C W T Y C Z N U O Y O S W
W V Q C Y N U N F Z Y X I M C N E F V A
F J A B O R M Y B W E N M A M B L K R L
W Z J G P B Z Q I D F T Q C C R T I U K
U B L U A G K F X F V Z Q K X C R U B E
J J D G B C U D X I Z O D A J H A I D R
L L C V H U A W M J Y W V Y V H H I N Z
M N R U O P S R U C F V Q K M W P R V E
G O R D O N K L X G L B D R W S M X S X
Q I G G P C C U M M I N G Y C G N M I X
```

Smith	Walker	Wardhaugh	Young	Levein
Glidden	Gordon	Bauld	Cumming	Hartley
Mackay	Pressley	Robertson		

Hearts Managers

```
U S G F C N V E U R Z L S W Z K C L H V
Z K R H Q Q N D C O U L P R H J N A D N
T C O Y N Q X S L B E D E G I L W S J D
B V I R M E W T A E E Y U V O T D Z A F
U S R P O V I G R R G N K V E Z U L T Q
R D N X C B X L K T U Q Q D Y I S O Z V
L F O R D Y O L S S P O P D D N N O H S
E Y F K N G Q C V O Y N A L J A O I A E
Y O S X A D U F H N N D O P U K M G A I
S A A D E X H H Q K O L B X W G O R J R
F H K M L J H S S D A A Z X Y C N E G E
R A S C C O U I A H E N R L R T C S X F
I W U G M R M N X U I O W U O N U H E F
X Q A L K D Q Q H M Y D X X T C R S W E
W T N Y Z A C I Y W K C C Y A A K B K J
U M A N J N O A W T A A W T C B B E I B
S G V N M K F B T C K M F R A I L U X F
C N I Y R W V K W H C Y Z D P L Q B X E
W X O A M B F D Y I R Z P R R K I K Z E
R H G T I H R M S M A O M J K J A W W B
```

Levein	Cathro	Neilson	Locke	McGlynn
Sergio	Jefferies	Laszlo	Frail	Korobochka
Ivanauskas	Rix	Burley	Robertson	McLean
Clark	Jordan	MacDonald	Ford	Moncur

Hibs Players

```
W H K Y P H W D L E A F A P Y X C Z K J
A G Y E P O N G I X G V F B E T A X M C
B Z J C O S H F G K D Z C L S T G Q A F
S O Y W C R G N W Y V L A M R W G R R V
P J Y S Z E J R S Q K B A F D M H N C X
Y I M L Y K A U S U B X V Z A A A A I D
Z K S W E A Y I K Q F E H M I L N G A Y
T K W D G T D B E U V F H F R L L R N T
H R K L E T S L I V K A R I T A O O O L
T L D U D I W O V P X F B M W N N H O U
K I A A E H G K J J T P U R Y H R S Q N
Z P V G Y W K D W G K A W M E U P W W C
K V T N L T I C P R X D C F L D J R F M
Y E M I L L I G A N L K J U T G T M Y N
B I Q F M J L Z L Y Q F P M R T Z L G Y
Y D O X Z H F U W I B Z V O A G Z X L C
Y J W F L L S U C L K T C L B F J Y I W
A P D H D X N M S C I R V E I K F T P Y
R A U A D S A Q T C M T E N Q I Q N I G
G X E L S T E V E N S O N L A R N Z R G
```

Marciano	Gray	Whittaker	Hanlon	Milligan
Bartley	Horgan	Slivka	McNulty	Boyle
Gauld	Mallan	Stevenson	Agyepong	Nelom

Hibs Hall of Fame I

```
Y Y L N V F L C G H A S W L I E T B Y P
X U X N B U P O Y B I Z I P X O X A Z V
J B J E C U A P K C G X T J Q X I I P H
S U I J R H L A Z O M H M Y A D U H L K
U J I P F G V S P R T E C H D Y W G Q S
M Y C T Z E L I J M Q B C G S M X S C N
I M Y S G J R M O A C R O U A K B A V E
R L E T Z Z A R Y C B O L O O J I J W H
C Q R E J H L M G K N W L R K A P F M W
P T M V H S P S R F F N U Q X E R D F H
X J I E Q B Y I F V R L H T G V E Z Z X
J R V N F M E U K L Q I O Q W N S Z X P
L C J S L D L F U B U E R A R M T D R T
I O Q O G A P V B E F Z O P I M O P V Y
O Y Q N T I O B Q A M T U R G F N Z H Q
D L P Q F I R P Z E R U K W H G I Q Y Y
Q E A N H K C K Y K R H E P T U F Q Q G
A S Q A U I I O R A G R W R Q E Z J X B
F R A S E R D S U K D M C N B V L W Q R
C Q R N J N V P V G F T L V N K A F B A
```

Cropley	McColl	Brownlie	Cormack	Preston
Rough	Stevenson	ORouke	Fraser	Wright

Hibs Hall of Fame II

```
X I Q B A K E R I B H X S X B B H G Q T
S P K H X M Z B L M D M T U R N B U L L
W R V Z J J O D T G U Q T M Z H R R L S
A M O O R D W J M Y N P N H G N Z Y B W
N C A H Q T I F R F C R P S T G J O O O
M G N W I J J J R Z A O X M A H E H X S
B H X K R B G I U E N M P I R P Z D B T
K E Z S C G V P O N I L P T A W H B U A
I E L M G W U H E A W L F H M H V V A N
U J O H N S T O N E E P L U A E Z A Z T
Z M S G P X J R R B X G T Y N L R A C O
M D G R I H O L T N F T U V C A B I D N
B W D H A X T I H D G D H D M H T Q Z F
G L H N E W N B V O R N P B H A K O Z V
X L T U S E T O K V E O Z X N N A N Z E
C E C T M H R G V F M M Z R E N N I E P
U Q L L D F B W E K R R C F W P D S N Z
F J C F F K X M N U A O N X A Y T E G S
T M I K V X J G Y H F V B Y H J X I F D
V M I F X W Y J W T O V B X S N M P Y T
```

Duncan	Johnstone	Turnbull	Smith	Rennie
Swan	Shaw	McNamara	McGhee	Baker
Reilly	Stanton	Whelahan	Farmer	Ormond

Hibs Managers

```
G H Z W O D J O T X H I S Q P U W W M K
Q E A I I I H W Q S L R Z U R B J U H D
H D A L D J M W A A L K J T E L O D U E
P J B L N T P S U X H F R K H A I O G S
J P E I O U W M T T Y T E L C C U O H L
H C A A M R I N N V S E L H T K P W E N
W W P M R N H D Y X Y B L K U L R R S E
O Q R S O B S E K S D I I O B E E E M N
Y D F O N U A Y C Y T U M K F Y J D U I
M C A N Z L W T L K O U F E P O S L N A
L B Z H P L M H F M I E B F V B N A O L
L E U Q Z I C J F Y P N Z B Y I O C T E
N J N H T H L K K C P S G V S J L V N T
P G X N B K E E T O N W C B H H N B A A
G H Q N O F I E L L B Q A K O D E J T A
F V W R O N S Z M L Y Z V B X T F C S P
R S F R C A H U G I D H O O B W T R F D
E Q M O W B R A Y N G O L T G G D O K L
S V V L D W Y S B S J V Z Y V P P R M U
K I L N C R V Z F Z E Q Y K T N P P Q A
```

Heckingbottom	Lennon	Stubbs	Butcher	Fenlon
Calderwood	Hughes	Paatelainen	Collins	Mowbray
Williamson	Sauzee	McLeish	Duffy	Miller
Blackley	Stanton	Auld	Ormond	Turnbull

Kilmarnock Players

```
T J O O W M A G L D A H Q D J L E P F U
X V P Y A T Y D E O R N R D K P O V S A
W H N A W U P W Y P Y W W W P I D W O H
I B M B O Y D I D L P L K W O M O B Y Z
C K C Q P P N K Q B R U C E W A N V L W
L K K D T Z S Y D W Q I I M E C N O V B
T Z E C B I A B C W Y A M L R K E D T U
X I N R M H I P P N B P Q S E A L L O V
B P Z W S F O B D Y E W V C I Y L A O U
M V I R N F I N D L A Y N J L C B N F K
A Z E S I R I M V L M M U I O N R O D U
U N M E G W J G H S B T N E J Q X D A E
Z A P N G R B O Y D R T F C D M B C O V
J B K O I E H Z W Q X H B Q N Q F A R P
G C O J H K Y K Q N X E I M F K G M B W
M K M F V C I E N Z Y Y Y C D B M G Z H
G M P X Z I A V Y V F W E L J B O S D C
V L O S L D M J K C E P H H K V D T W W
R I I F F K O H L T A Y L O R J W S V F
L U M H B F M P B N B V U T K M T Z W Z
```

MacDonald	ODonnell	Taylor	Bruce	Broadfoot
Power	McKenzie	Dicker	Boyd	Jones
Ndjoli	Mackay	Higgins	Boyd	Findlay

Kilmarnock Hall of Fame

```
Q A A X B A R V W V Q X R H A Y P O U G
W O G W A U K A G R U Q H J T V N O Q E
U B I H E W C I F W S I Q L U R B R C C
P U T O H X Y L V P A L D E G O B I O V
V N A S I W O E A R N J K G O B O J Z X
Q M Z R G Q B Z N R V T E E B E V N R K
E Z A G A D Y D M V K A D I M R H P U R
B N S K N W E O I F J E R T M T A T T C
B X M S F I L S Z C T A M T X S M K K F
N F J A H L L D V Q S O J A U O I R Z L
R L W L U L U U F M A C Y E E N L N Q K
Y L X M S I C V Z I X L A B L A T Z S N
Z E E K Z A H W E Z Z F K M E C O U B E
F D M G C M L E D O B E Z Q D R N J V K
G D N Q Y S D L L T S R Y N N M Z O Q C
C A H M U O N V F X P G K T I J I E H I
L W E Z F N B H K N I T Q P D A M K D D
C W J L T Q Q G D E C G T C Q H E F M C
Q D Q O W H N E Q A E Q P F V E F B R M
P Y K J K S V J H O C Z F M G U C Y E J
```

| Beattie | Hay | Hamilton | Dindeleux | Clarke |
| McDicken | Waddell | Williamson | Culley | Robertson |

Kilmarnock Managers

```
F O U A O E C G Q C O A Q N T W L I K W
C S A C D B M V P P Z F H Q K P T N G Y
Z C O G K S B T M F K U J U V R E D N J
S S L T M S H I Q I H P C N E P S F I V
G T H O P M O X Y X C V N B Q W L H T Q
W J T Q O I S T X W F R X Q I B N D E J
Y Q Y A O T K F Y I W R G G M W N O E X
O G F M J U N R Z L L C N M K E B O L X
N X Q C J L E X A L X R C A V J Q W F Z
B W Q C E O N K V I N U Z B K B F R U X
G T C U F C I F N A R Q P V L S N E F Q
L L G L F K A B O M Q X S N Z H N D M D
W Y E L E E L K T S R C L E J R E L F H
P K T O R O E A S O R Q E T Z Y C A D W
Q F F C I W T C N N H W I T M U T C D W
R K Y H E U A D H L L X H O I E F Q T P
P H S V S L A O O G O H S T B B U R N S
X V P Q M F P X J M X C L A R K P X Z C
J E C L A R K E D J N T G A A G B Y I P
N B M P N T E U L E E K D F B I Y C X F
```

Clarke   McCulloch   Clark   Locke   Johnston
Shiels   Paatelainen Calderwood   Jefferies Williamson
Totten   Burns   Fleeting

Kilmarnock Managers II

```
G M K M M W I P X N H A S T I N G S F C
G K C R F S P Q S Q R R U I H R E Z E R
J H T G F D X K T M A T H E R F X A A C
W B K M R R E Z W C C C D H A I T G R W
V S Q S A O U N T Z Q B L X M Q L F C Y
C Q O Q M N R S P E N C E U L Y G E C A
N I D X K I O Y N C S G T E N M R R M Z
Z O C I M D D D V F C V N A J I I N H S
T M F F Y X O M C Q J U L B R K E I C M
J V G F M Z A U B S N C R I F E V E O I
L Q E J M S A P V B N T L V U O E H E T
L W H A D N M K D W X P L P F M S V G H
E Z H L V E C Z H Q C S G K Q O M C O Q
D G R O T D E W C B W Y V M G R I L Z E
D D K W I D M C D O N A L D E R T H E V
A S X P V O K D O M G N E P V I H L U I
W R P H B N S T E W A R T T F S B D A Q
Q M C H T F N G U M I X Q L X O X Z E C
D Q E Q F J N N D Y C H M C H N B Q N H
U Y G Z M W R Y C D G U V F G G B C O A
```

Morrison	Clunie	Stewart	Fernie	Sneddon
McCrae	McDonald	Waddell	Hastings	Mather
Smith	McGrory	Spence	Grieve	Smith

Livingston Players

```
Z N D W G I D V Q R V C N B C M Y X G V
H J A C O B S W Z W B X B H T W J F H D
N Y B M K R D L J M X U S P X I F E T L
F B X Y W Y M Y O E B R P N P A B Z R P
H N B B R Y K P K Y A B H W C V Q P A L
D K V S Q N C P T C F X N O V C B H W Y
I I T C T O E Z L J R N I R Q V S Z E O
F X G F Y H U P P O L Y W B T L S N T L
X I P I T T M A N O D O F F I N E W S D
K E X L C O I F I P S R N Y K P L O S H
J E W Q P F W Q B U Y L O J A L W G M X
L Y K K B O V S K P N G S Q G W A H U P
E E D N Y Q V M V P J K N E D N L T D M
R K L V C I W F R C U B I I T B K I R I
S C A Z Z J B Y V V S T B M W V E L E H
K R B M Y R H B X J B G O A A X L N L A
I Z B V E F Y N G Z E H R L X F L P L R
N U I R Z T D F O T F F T C G H Y F I D
E K S C S P V G F J C W G T R E Y N M I
B T N D W G N S F T I A P D G R O R N E
```

Kelly	Lamie	Lithgow	Brown	Byrne
Jacobs	Pittman	Hardie	Sibbald	Odoffin
Lawless	Robinson	Miller	Erskine	Stewart

79

Livingston International Players I

```
W K X W H A Q O R D B Y P Q Q T T N Q Q
B X M H P U E U A A L E X A N D E R L Z
C Z E V N L Q N B F E U R V I G C W R M
C I N V I D W D Y I C O J C K Z V V Z R
F W G K D G X Z J J N X H L O Y U S D M
E I A C A A A N N A D I G R Z Y L A G R
W M D M V D Y O J D Z D N V X H N L G E
Q X D R I U M C N A M E E R O S S G R T
W X J U D J E E B U R C H I L L A U I S
N R P A S X K H D Z L V F N F R J O F I
M S B X O K C O T G X Y W J B E V D F L
B E Y O N E E O U L C F O J K C V D I L
I Y M H H A V L D L G T G D I G A L T A
K Z B A Y G F A R E H Q O F Y E M A H C
A G G U E U V H N V Y L L T K K O U S M
M O U B O P V A F O T H C A P D R S P J
A E A W G C Q N S L D U M L W H T Y K R
J H R U R V V G O Z H U N L M S I Q E E
A W T B S C O J U N M L D Y H F O K R D
R T L V G K L V V J B R J W I I P N R N
```

Alexander	Amor	Burchill	Davidson	Douglas
Griffiths	Hoolahan	Kerr	Lawson	Lovell
McAllister	McNamee	Menga	Rajamaki	Ross

Livingston International Players II

```
H G D D C C W G C C S M U F L Y U K H R
L L L I Y C Q Z K I A X D O R R A N S U
N I X T J J C A L X R I S J S A H V N A
Z B A J Z A G N G B B Q G F R B W W O T
Y E M N F C C W L X Q S N V L T U B D X
J R V U D I T K E N M Y I I B T W S G W
G D B Z R S B R S L S X F N O D H Y R S
T A F A X R N O R O W R F C T A Y E A D
Y O O Q S E F I H I N T I Z F D I Y S L
C P Y M O T A K E V M Q R E I I V O S Z
I R E P N N K E R H C T G M Q D F Q S Z
S C D X S I M V O R C R X B I M E O L F
B I R K N W C I M V A E A W G I F R Q Q
E N N Y K Z J K T V N B U N R L T F Z I
K A A K B A M V I A N M S G X L K A N R
A T O F A N D X H D C A A K X E R F W N
P S F F S S W S W E R L H X J R J Y R M
C F B P X E V M I P B R K M T W X C D K
M L P I G L A C Z O A E Q N N T V E G P
I E I L V S Q M V Q V L X X E B O V B W
```

Dadi	Dorrans	Griffin	Jackson	Lambert
Liberda	McCann	McPake	Miller	Snodgrass
Stanic	Vincze	Whitmore	Winters	Xausa

Livingston Managers

```
R F B S U P R O C T O R I F Y H K H X U
K Z R K M P M I K M X R Y B J T P K D H
A L C K L E V N Z R N O H U O B X H M U
G O U G H T G Y T M N Y P H E U R J D G
A P X E U W C Q K I Y T R O O R O Z Q H
E W Y K H A U C G L L R U U Y C B M U E
V X A R N O O M Q L G A M M L H E T C S
A D B U A T L S M E C G Q Z E I R R X
N S J B M L E T R R M E K S N L T T F L
S W X Y H F O K T F I H J P I L S D U N
W D I Q S U G Y C L E L A N D W O U O W
Y J R B I A M A J C C F H Y Y W N I C O
X A N X E O C R M Q K Q Y M L P N X P D
N V O K L J F Z H A Y X K T C N W N X R
A P I U L F J T H O W M J R N I U M N Z
L H H I T U Y G S G G V A E H O P K I N
L A H L F P N U L K S N H B X L A N D I
O H E S C W H R E Y F O S M T I P P X I
B V S C O Z N M W H Q Z N A G G Q G D Z
X H G H L W O C N E Z B U L R T R G N W
```

Holt	Miller	Hopkin	Burchill	McGlynn
Burke	Evans	Hughes	Welsh	Bollan
Murphy	Hay	Hegarty	Landi	Proctor
Robertson	Cleland	Lambert	Gough	Leishman

Motherwell Players

```
S H F L K M I A C C D M Y S A X V M H C
D X S G E X B C A A L O I W K L C J U G
H L Z M B N C U A H D G U D K V D K X M
D L D O N N E L L Y P D M A I N V R X Y
G R I M S H A W L U N K E P T U Q P E P
G M T O G L N F Z X O K E N O N Z M J D
Z L G I Y R M N Z Y S A S R Z X I S Y U
B G D S V P L K K T R U O C T V V T A N
F L D D N H B E X C A C Y K J W Y N G N
R J F W O S E F H B C F E R G U S O N E
O T Q M Z V R D A O T G H D B C L P K Q
T V C W I X I L R Y L J V H C L F K L S
W R O Z M R H B T H N Z E D U N A W A X
F J D W Z N G X L Z C V P X Z Z L I R M
B Y U C S Q U G E P I M J O H K U I F W
N P C U R T H X Y F T C A M P B E L L R
Z C W U Z R C Z M R C A C N Q T Q I U A
R K R P A A M I B Q Q G I L L E S P I E
S A G G Q Q Q M A T X G H T Z S F I L R
C U D C T S G D W K N V X Y O G C F J F
```

Carson	Tait	McHugh	Aldred	Hartley
Cadden	Campbell	Main	Frear	Ferguson
Grimshaw	Dunne	Gillespie	Mbulu	Donnelly

Motherwell Players of The Year

```
D Z Z U H A M M E L L H T E M U M D T A
W H M D C C O R R I G A N P P C X R L E
P H S L S R V R F K Q H O H Z K G G V X
E L G A D F W N Q U O Q D Z F S O T W M
J S B D L P T M V P O B V E Y P M U V Z
G X Z N O F Q N Y Z T L O C Y K L V P V
X D K I N Y V A M F Y T A G C J T I B U
U Y H W Y W G M C J X I X S E A H R D U
A L U R E W C D D E S G F D L K G W S G
E G Y E R E D O O J R V N B S E O R E V
M B M A U X D O N V F T K M F A Y M I P
U C A R S O N G A P G Q W Q H I G D O N
O A N X Q Q I J L Z I X H C A D N E Z S
L T R S A T N G D W K R D J J F O Z B F
E W Z K H X X F H E Q H Z J G S S Z W Z
D A A N U Q R L N Q Q F X U S Z K C S S
C R A I G A N U U R C B E O R L R K M A
F Q M O U L T U D C C U F X S P A P I A
A H G H Q E R Q Y D P X F C T P L H T H
V Y A I I T S D G B Y K E F T H C D H R
```

Carson	Moult	Erwin	Lasley	Higdon
Ruddy	Craigan	Clarkson	Reynolds	Smith
McDonald	Corrigan	Deloumeaux	Hammell	Goodman

Motherwell Players of The Year II

```
T T O W V Z Q M D G H I Q U T J Q R A Q
V P O P N B C A U I P Z B P S Y S K N A
X A H H J K L R F J D I T V T F Q R N V
F O A T N W J T O Z G D D Y G O F I X G
U C K L R Q T I L Y A T N G O G S K O E
U E T M S X C N A D A R A P T P Z G X B
T D M H F B D Y M D G A L C P O X F Z C
Z D S O N L H P B O R H L Q M H F T Z F
N Q D N F Y E X E R E S E F D F D B G L
E K Y O O J N C R N D I L G F I C R D L
L J O S R V A E T A N W C M D K W B H E
H O B R L A N D I N A A M L H H Z O S W
C S M E V Z N M G C V Z N J S H U P J X
U D E T T K A G H E I A A F O R B E S A
A V E A K W R F T N D A E Q B J C Z I M
M S R P W T B A W Y Q U Z U Z K S H X T
Z B R X H V E I W O T M D I J K S T R A
I Q W L T H Q O K C O E D L N D N C Y V
P B R B I W J A W E D E C V B T X T G F
W A M O H B P F Y T D X C F E I H V D B
```

Brannan	Coyne	VanDerGaag	Lambert	Martin
Dijkstra	Maxwell	Boyd	Kirk	Paterson
Wishart	Forbes	Dornan	Mauchlen	McLelland

Motherwell Managers

```
S Z J I X S R U A F E I M J A J I C P I
F S K M A Q S T J O H N A L X R P D I X
B P J D M A L P A S L T C Y M J B F L N
M O S C T R X S E D T R L K Q M R R A R
I A K T C W C M S Q B H E F M T D R P O
Q F Y X Y B N R Z M F D O K D G M E L B
E G F G X H X I Z I X K D I C H C H R I
T A I L F Y E D A E K O K E Z G L C H N
D N B P E N E N X C I J Z Z G U E T S S
J N M T T D H D D A I K N I L O A U I O
U O Y N Q L B L E L F G A Z R L N B E N
G N M P Y V A L E L I S M S S C M E L N
Q R V C M H C G H A J E P N E A C G C B
U Y U L G C L P G W O B M O I R G S M I
O I W C Q H C E C T Q X A S V A Z F S U
B V L H G L E A M I M A K T A B O D M U
Q Q D N I P F E L G Q B O A D F I W C E
Y V C V P H I L N L B R O W N Y V Q G O
Q G I C K B D P L Z X F K E P A V Y G R
N I V H U C E G B L A C K M T H Q T Z C
```

Robinson	McGhee	Baraclough	McCall	Brown
Gannon	McGhee	Malpas	Butcher	Black
Davies	Kampman	McLeish	McLean	Watson
Wallace	Hay	MacLeod	Hynd	StJohn

Rangers Players

```
W L C C L M E B S D B U U Q O N K A W Q
F K M G X G X O D S N Q C F G E J I O D
T D H K H F T U M F H C P D Z X G B F O
N S P D A J F N P M I U H Y U B L Q X R
S B T X L E S S U W S T W N L Y W M S R
E L N B L F N I D Z Y B S U R U F C M A
Q P M V I L O V V T D T U I F F O G S N
M S M H D A S A O Y F A R C L P D R W S
E K G E A N D D B I X V L Z H D E E A E
J C M E Y A L X K A O E A Y M D R G L N
Y A P U A G O K A G S R Y T P E I O L Z
U J H Z S A G C K E E N H R D F N R A M
L J M S Q N X Q V I Z I I E U O G W C U
E G B I G M L N C I E E Y F F E H S E R
E C F W O R R A L L V R A F Q K A J C P
H Y Q P E F X N B D F W Y A X E M X B H
G P Y E Q S T O M G S B E L D N Y V M Y
D B V X W Q J X P Y M K O J K T I X W Q
V C Q F W L V L O W I C W W I F N Y E E
I L Y A Z R I D P L A K Z P X C G E I G
```

McGregor	Tavernier	Worrall	Dorrans	Wallace
Goldson	Murphy	Jack	Defoe	Davis
Lafferty	Foderingham	Kent	Flanagan	Halliday

Rangers Hall of Fame I

```
I J E C C J J X P L L Y S J U M R H B C
Z E Z Q H C R N M Z X T H M U O F D C V
K O P K F S D O H M Z E C W C F I S Y A
N V F N K P H K G G S M W Y N N I G F L
R U I E D M B B O W I E I Q Q Z E T R L
G T F P I R J H A P E K W Z L L G I X A
T S H M R A E T A T E H N O Y N D P L N
G O C F G G H I S Y N Y O M T A D U B C
G Z Y Z T R F M N J X H D N N W T H H E
H N A Q C B B S R O M A R Q O G F T Y H
P C H S T E U W I W C M O C X K K A S V
C U N N I N G H A M P I G A I C X E X X
H C V A S Y M S C S H L Q M D R U B Y I
P X N X J Q O X E Q E T Y P P H Z C M P
R I X T A F B J E S R O R B V U R M T C
X J Q I V H Z D M N S N U E Z Y G N O O
J I F G R D R U M M O N D L G I B S O N
G V R E Z F Z S A R N Y K L B T Y H L L
W F N R E Q M A N D E R S O N Q W X L H
L E K Y N T R N Z V B F Y I F S Q K A F
```

McNeil	McBeath	Campbell	Vallance	McPherson
Drummond	Smith	Gibson	Hamilton	Gordon
Bowie	Cairns	Cunningham	Manderson	Dixon

Rangers Hall of Fame II

```
T T E B B K J W G G O U G H Q U T F Y B
W Z S X S X N D I T P O E V A U G E N V
F O G J X C B K S L K K S E V C A P Y N
O D O A B R O W N Z K G T F N S P Z V O
N T N D L O Z B K S T I L E X D Q R C S
A P E I S B M D A K R E N R K O U J S U
X H M R G G E H V A L Z A S L W O P S G
Q R Y M P P P R C P M C R P O Z O R E R
B E E T B B M F T N A O W Y S D R O N E
S H L R E K W I L Z X R R F S P C C U F
E C E I T S S M B N D T I U O U Q R O Q
E T T E H E Y F E M T G Y Q S D O H S G
M U A W N I U L Z D O N Z E P O Y V O K
P B H Z U V Z Y W U I G A S C O I G N E
C U D B N E V Z S W I Z H X G R X T K L
J G O F E R G U S O N C K H G Q H R Q U
L A U D R U P Y I U R O O F U T X N Z Z
C R I N V V Q I N V E Y Z S I V U O U Z
B B N R A W V Y F G F V H C J K V E R U
C L W B R J R U M V K X C N F G T J I P
```

Weir	Klos	Amoruso	Ferguson	Albertz
Gascoigne	Laudrup	Hateley	Ferguson	Brown
Gough	Wilkins	Woods	Souness	Butcher

Rangers Managers

```
Y O Y F I S M M K M G G Y F I I M N B P
Y D K K J Z J N V Q Z A R F B H O E W Q
F X J G Q M G O M E D V D H B T S U Y O
U P S N Z F E T G L A T G E H U A K E G
A X T U P Q T L E N Y K N Y O R Q V N X
Q B S B L B I I R I K V O T A T E F R O
X K I I K O H W R T H S T R D S L O B K
C N O Q B S W M A K W Y R U V H O S O Y
G E C W H Y L Y R U J A U M O L P I V T
N Q C T L L E Q D Y F C B C C H O S U J
D O M G L N C Z D M V Y R A A B Y O M R
S L V R E K A N F M I B A I A R S U P X
H F O E D F L R S G C B W X T H Y N B T
S W F I D V L X I M B Q B I Y P M E Y M
Y T V G A A C U J I X S N H C O S S Z
R B H C W E W N U L C T Q H L E N S N N
S K P M D M Y T U T D R H A L B F L C B
R K O G B S A U E V Z V B Y P I S O S Z
U Y X D L F L N A M C L E I S H Y Z Z C
M F Q M Z Q X W I U L E G U E N N R E A
```

Gerrard	Murty	Caixinha	Warburton	McCoist
LeGuen	McLeish	Advocaat	Smith	Souness
Greig	Wallace	Waddell	White	Symon
Struth	Wilton			

St Johnstone Players

```
O H A L L O R A N L Y A D A V I D S O N
W Q Y P N I K H U N L F H V P R U Z M M
M I K F M Y U R Y K I U Q I C O M R I E
A P W O T H E R S P O O N K J T P F S V
L J J L I N L L C M D S I B E I Q S B F
N F C K N P C K U E P R W L C R Y W O K
Q E E N K M A X T O Z N N T Z V R A I A
N L R D J R N Y H K J N K Q C V S N D N
V O E J O L B R G P R U U F C B H S A E
Q F R R R Y B P I I E K G E Z P A O H H
Y Z Z N S F M R R C S D L L B J U N S E
R G D L K U B V W M N Z B R K I G L U N
D E L F G S G U W H A Q F O F X H Y Q J
N U Y K H W E M V X T F X J V T N G B U
E L A R O Z K D O W J R Q C H L E V I B
H A M A K W T A L S T O N B N X S K U X
W L B L R G V E N O Q X Q E Q C S O B G
D D B C S F U F T I F E C L P Q Y B V I
R P H Q K Z I R M L S P C L F O S T E R
P S B Y W X Q R W Y I H S S N Z B N D Q
```

Clark	Tanser	Alston	Shaughnessy	Wright
Davidson	Kane	Wotherspoon	Swanson	Bell
Comrie	Kerr	OHalloran	Foster	Hendry

St Johnstone Hall of Fame

```
V X C M I Z Z T U W L Y B X P Q E H G W
R S E G E M U M I N Z M I N E X N A R Z
U D U Y P O H Q B E Z X T W R C O L A A
T H X S Q Q G J G P H B C Z N R R L N R
H G R P E B L Y D T T L Q Y V N R F T C
E A B F K R Q Y J U D X F R I F A V D W
R O S X J O S R L B P P T V W S B A N M
F J E T T W Z M S I C O N N O L L Y N X
O N G D L N X S C H A G Y J T E P U H Y
R X P B Z J B N Q K Y W C L H E H L P E
D K B R D M P L J P I J Q K T D X R R R
E W I R F D F P Q P I N X I A T K J X K
I Q N G O J T R A D L G V T X Q V L Z S
J K J W C G J R P W E H I E K F J E I A
Q R E I L A A J X U P W W E N W H C I M
L M I J W L C N T P B Q I K C O B U R N
C V Z I A H A N L C W I A J O T H N V D
V O J X M J R L F V P Z K C C I W J L Z
Q K J T A T R F H R C Q D U P R E E Y T
B K X E F F H D Q N L Q J B N F T N T M
```

Brown	Carr	Coburn	Hall	Brogan
Grant	McKinven	Connolly	Rutherford	Barron
Maskrey				

St Johnstone Managers I

```
P C D G Q C J S M K Z P U Y O Z G T R Y
R V N S M H M W O W R Y W W W R D B P T
Y A I J C J N M B C Q N F I D F N Y O K
J E A L I T A M C C L E L L A N D Q R X
D Q C J N P Q Y Y S J I K U T K X K K V
O T O S N P A I E W Q H O Y C T K B I H
C M N G E H Z B Y R H G P O C V I N G W
H R N F S F O A T I H O P A N A J P V F
H N O K U B A M C G N T G V A A Z L W I
R Q L C I F E H F H T R U L T T D N S R
Q F L O R E Y S F T M A T W J O I A B Z
T N Y R L A S I T T G U M G I K T M E A
J Q K R Z C B J Y A B T G G M Y M T V I
T X M U F B Z O E J R S U V X R E J E S
M D H T E T X X K W E K J X G W I X W N
Q W N S R R L A J R J J P I Q U N T C K
E W G D V U R O G L D R C A E O N N J Y
A P K O N X E I M W C C C L N W E G I B
O C O Y L E M Y Y A G I B S O N R W I X
K X J P S J R H E G S M J R F A E Y N I
```

Wright	Lomas	McInnes	Coyle	Connolly
Stark	Sturrock	McClelland	Totten	Gibson
Rennie	Stuart			

St Johnstone Managers II

```
T M X Z Z I X B X D C S T E W A R T P B
K A K S I D K Q S M T L N T U Z M O J Y
P I V Z K Z S O X P K L S A S V R K E P
E O Q I B J J N P G E R A Y C Y U H U C
J J F C K E L J C P D P L L F A T O Y R
L I D J R C K C A L B R Q O W M H N I G
M M C A F A K S W U L M L R S G E S A R
F K X W O V P M B L K N Y W Z B R G D A
G G U B S R R N U K K W E V R C F T Z N
I N T Y C C M K E I V S H Y L T O D G T
D O W B S S F O C L R Q U A A N R R Y H
G P N Y P T J T N Q L H M E C O D A B M
Q B I P Y G O N U D Q E E H M L Q W R F
B R K Y Z P Z R W L E I Z A B L C U S Y
E G C S H H V E R G L I N I D I I L Z B
J D Q B V T X N B I M D U G F T P D H U
V Z M I S N Y T U R E R P L Z T J K N C
B I I U O R N D L T P O U Y J A T T V H
V L X E L E B I E Q B R O W N P O W T A
G N I H F V L T R X G V D C U G K G O N
```

Storrie	Stewart	Ormond	Brown	Pattillo
Crapnell	Rutherford	Muirhead	Taylor	Buchan
Grant				

St Mirren Players

```
B D A E Y O B A I D F A L J F W W M A B
G D E A M D L O S D Y P V A P N N A O C
Q S Y A T H J Z D W M O O C J D K G U B
E L H A M I P J O N E P F K M U Z E K J
J L Z I F F K O Y K T E Y S C E B N B P
X K E L L E R M A N N S A O Y R Z N X H
L X E F W N N F H T D C U N M L W I N L
I E J H N K B E V J E U Z U A U E S F R
U Y P R O L K E D Y Z T V X C E L A U I
K J U A Z Y O V U K K X Q L K M S Y M D
O T U W A I M H P J V B U O E U U C C D
B I K A N J Q C V I Z K G H N L J O G P
T M H Q Y K H T G S U J K I Z L O O I M
Z S L N K I Y K U U M Y Y V I E R K N F
T W D N D L H K H B V P N D E N D E N I
T U R Y A Y S D P Z H N O Y V O F K A Z
A Q E L L O W L R Q U S F V J I P W V A
W Q Y F H N V I P X Q F D W M D G M Z M
V P E E I S D E E R K B F G D X E E V W
Z H R S V G B A I R D I R O W X E R T R
```

Hladky	McGinn	Muzek	MacKenzie	Magennis
Flynn	Nazon	Dreyer	Jackson	Lyons
Baird	Popescu	Kellermann	Mullen	Cooke

St Mirren Hall of Fame I

```
B A R O D G E R I G Y H L J Y I M Q Y V
Y A I B H R T G A W F I Z K M M F O N T
D T K K V E H K L M S K Y B E Y G C A G
M P C E Y L G T L A E M Y F Q E L J U I
O R K I R L I G G K I L E D A V X A U T
N E G S U I R O E U L U P W K R G H G U
E N I H G M W W G H L G B Y P A I Z L R
Y M N E A Y C C Q T I E G A O G R G L N
W O H Q I B T K K V G E O Y Z C M Y A E
G S F B F I T Z P A T R I C K M O E W R
T P G V M O C B M J E F C J O Y N L O D
G V Q W K J Z A M C D X X Q V E O S D L
W T U A H S T A R K N X W I A L T P C P
A B E R C R O M B Y A R R C W D L A M P
N I E B G T A D C Y L Z A L J R U L X O
M C L A U G H L I N E S B I Y A F F T L
H E T J I G J R B X C F U W B Y Z Z Y N
O Q T G P X F M Q M Y V G J V W J R S U
J M U R R A Y Q D R R U U O N N T Y E D
C K P I E J D R V W B C R O I P P O L R
```

Fitzpatrick	Murray	Gillies	Money	Lapsley
Miller	McGarvey	Yardley	Fulton	McDowall
Turner	Wright	Dunlop	Rodger	Stark
McLaughlin	Abercromby	Somner	Baker	Bryceland

96

St Mirren Hall of Fame II

```
H T D Y Q F G F P B G C X N M B G I W P
G P A H W T K E F K N A T O A H N P Z S
R X R Y I T D W Z S Q V Z P S T I H X A
C M R B D S L M F P C K M B O M O J Q D
M E C Q T M N Y C K E T E M R C P N W Y
M I E I O Q D F A W W W V A J C R I L R
K U I O M I B Y M L H W I P Y R R A P I
Y L M M M Z Y D Y L T I L G S A V W G X
G N W C F G T Q U J A C R T C E B Z K M
A G G V G J W Q Y L H O W T H O N D C C
Z M T J C R M W I L S O N Z E R E R Z G
R I C H A R D S O N J G B A X R D O X O
S J H C T W Z R T Z L U E N G I D F H W
T O I Q A O E A X S S R C T E Y A D Z N
T I A R J G P N L L A N K E B T F A E E
C O P L A N D K R U U E N R E C R N I
S J O Q H L O I W O T U T J Q V M B O E
L H X X B R K N Q W Y X T I R A T C B O
G E S Z I F R V H G B N S V B L Y Y T Y
A P I D U V P A I C L U N I E M D N P Y
```

McGowne	Wilson	McCrae	McFadden	Richardson
Beckett	McWhirter	Clunie	Bradford	Roy
Lavety	Rankin	Zanten	Copland	Bone

St Mirren Managers

```
G Q N Y Z P X A A K U Y W E G A D L C F
F K U D R Q V C R A I G A G O O U U C Y
O C G T Q J P W X Y R T L E N N O N H F
T I O Y X F G W A Q P K C P L T M K A J
H K M U R R A Y Z H E A D Y A K H A Y M
E F E F G J I H W H U T P Y O H Y P Q C
R F N A Q H D G Y E S M I L L W A R D M
I P M B R O L I D J N K P Y K H A N I A
N J W K X N K I A B O C J H U L C Q W N
G D Z Y F Q E B N K S I M K R G O H O U
H H K Z G E U Y L N R R B T G I L J H S
A M W F G A Z I Y E E T Y A O A E P I A
M M U N R O R W T L H A R R B E I S N S
X Q S E Z H S J L A P P E K A A R A B X
B R A D K Z V T O E C Z L S I E D R Q J
U X A E C D S T U T A T L S R W N C E H
H T R C Y M W I O B M I I O M C E F M Y
A V Y S Q T D Z E W B F M R S T H P T E
C Q E A N K A J B W O S M I T H I S U J
X P C A R P T I N Q C O P L O B D Y O E
```

Kearney	Stubbs	Ross	McManus	Rae
Murray	Teale	Craig	Lennon	MacPherson
Coughlin	Hendrie	Fitzpatrick	Munro	Hay
Smith	Miller	Humphries	Millward	Fotheringham